Inhalt

Kompetent werden

1 Dezimalzahlen

2 Geometrie: Kreis und Winkel

3 Brüche

4 Flächen- und Rauminhalt

5 Bruchrechnen

6 Daten lesen

7 Variablen, Terme, Gleichungen

Mehr als ein Schulbuch: die Einblicke Mathematik-Familie

Mit dem neuen Bildungsplan ist der Mathematikunterricht vielfältigen neuen Anforderungen ausgesetzt. Um Sie im Umgang mit den neuen Aspekten zu unterstützen und Ihnen die Unterrichtsvorbereitung und Durchführung zu erleichtern, bieten wir Ihnen neben dem neu entwickelten **Schülerbuch** ein umfangreiches und differenzierendes Begleitmaterial. Das neue Schülerbuch, das nach wie vor die solide Grundlage des Unterrichts darstellt, wird ergänzt durch einen ausführlichen **Lehrerband**, die vorliegenden **Serviceblätter** und eine **ServiceCD**. Alle vier Materialien sind passgenau aufeinander abgestimmt und bilden somit einen praktikablen Service für einen modernen Mathematikunterricht an den Hauptschulen.

Die Serviceblätter

Die Serviceblätter sind Kopiervorlagen, die nach Seiten zur Kompetenzentwicklung entsprechend den Inhalten des Buches Einblicke Mathematik 6 angeordnet sind. Sie sind selbsterklärend und können ohne größere Anweisung als Kopie an die Schülerinnen und Schüler verteilt werden. Die Serviceblätter sind als Erweiterung, Variation und Differenzierung der Inhalte des Schülerbuches zu verstehen. Sie beinhalten weitere Übungen in Form von vertiefenden Aufgaben, Spielen, Knobeleien, aber auch von Partner- und Gruppenaufgaben. Am Ende des Buches finden Sie die notwendigen Lösungen zu den Arbeitsblättern.

Aufbau der Serviceblätter
In der obersten Zeile des Serviceblattes steht jeweils das zugehörige Kapitel aus dem Buch. Die Überschrift des Serviceblattes ist an die Überschriften der Lerneinheiten aus dem Buch angelehnt. Diese beiden Angaben machen die Zuordnung eindeutig. In der Fußzeile jedes Serviceblattes finden sich Angaben zur Sozialform (🚶) Einzel-, Partner- oder Gruppenarbeit, die zur Bearbeitung des Arbeitsblattes gewählt werden sollte, und zum Zeitbedarf (🕐).

Methoden der Serviceblätter
Einige Serviceblätter basieren auf besonderen Methoden, die im Folgenden vorgestellt werden:

Stationenlernen
Innerhalb des Kapitels 2 Geometrie: Kreis und Winkel werden die Winkel und ihre Größen anhand eines Stationenlernens bestehend aus fünf Serviceblättern erarbeitet. Hierzu gibt es den Lernzirkel A, der sich mit Schätzen und Messen von Winkelgrößen befasst, und den Lernzirkel B, bei dem das Zeichnen von Winkeln im Vordergrund steht. Die Schülerinnen und Schüler wählen je Lernzirkel mindestens zwei von vier Stationen aus und durchlaufen diese in ihrem eigenen Lerntempo entweder in Einzel- oder in Partnerarbeit. Zu Beginn des Stationenlernens können die Stationen in der Klasse besprochen werden, oder die Kinder erarbeiten sich die Anweisungen zu den Stationen selbstständig.

Partnerarbeitsblätter
Im Kapitel 3 Brüche werden Brüche und Dezimalzahlen auf Partnerarbeitsblättern umgewandelt. Dabei entsprechen sich die Arbeitsblätter insofern, als eine Schülerin bzw. ein Schüler die Aufgabe hat, Brüche in Dezimalzahlen umzuwandeln und ihre bzw. seine Partnerin oder ihr bzw. sein Partner die entsprechenden Dezimalzahlen in Brüche. Das heißt, die Aufgabe des einen Partners entspricht der Lösung des anderen Partners und umgekehrt.

Differenzierung bei den Serviceblättern
Im Schulbuch finden Sie neben den Aufgaben mit normalem Schwierigkeitsgrad auch solche mit erhöhtem (blau) und hohem (rot) Schwierigkeitsgrad. Auf den Serviceblättern selbst wurde auf die Differenzierung verzichtet. Der folgenden Tabelle können Sie entnehmen, welche Aufgaben zu den schwereren Aufgaben gezählt werden können.

Aufgaben mit erhöhtem Schwierigkeitsniveau (blau)		
Seite 10, A 4	Seite 12	Seite 14, A 2
Seite 17, A 1	Seite 28, Station 6	Seite 30, A 5
Seite 33, A 4, A 5	Seite 40, A 4	Seite 47, A 3 e), A 4
Seite 50	Seite 53, 4 b)	Seite 56
Seite 59	Seite 61, A 3	Seite 64

Aufgaben mit hohem Schwierigkeitsniveau (rot)		
Seite 16	Seite 34	Seite 57, A 3, A 4

Das Kapitel Variablen, Terme, Gleichungen und die Körperberechnungen werden nicht in allen Bundesländern behandelt.

Mein Lerntagebuch

Jeder Mensch lernt anders. Das ist auch im Mathematikunterricht so.
Fragt die Mathematiklehrerin oder der Mathemtiklehrer in einer Klasse: „Habt ihr das alle verstanden?“, so ist häufig so, dass kein Jugendlicher laut sagt: „Ich habe das nicht kapiert.“, denn das ist unangenehm.

Wenn das in eurer Klasse anders ist und jeder seine Probleme offen aussprechen kann, dann seid ihr alle zusammen auf einem guten Weg. Häufig wisst ihr Schülerinnen und Schüler am besten, wo ihr Probleme habt und was ihr nicht verstanden habt. Ein Hilfsmittel, um die eigenen Probleme im Mathematikunterricht zu erkennen, ist das **Lerntagebuch**. Ihr schreibt auf, was ihr könnt und was nicht. So erhaltet ihr selbst – aber auch eure Lehrerin oder euer Lehrer – eine direkte Rückmeldung.

Nehmt einen Odner und gestaltet das **Deckblatt** mit eurem Namen z. B. „Lauras mathematische Lerntagebuch“ oder „Daniels mathematisches Lerntagebuch“.

Damit ihr wisst, wie man ein Lerntagebuch führt, bekommt ihr das Arbeitsbaltt **„Mein Lerntagebuch – eine Arbeitshilfe“** mit vier Fragen, die ihr beantwortet. Habt ihr mehr Erfahrung mit dem Tagebuch, braucht ihr dieses Blatt vielleicht nicht mehr.

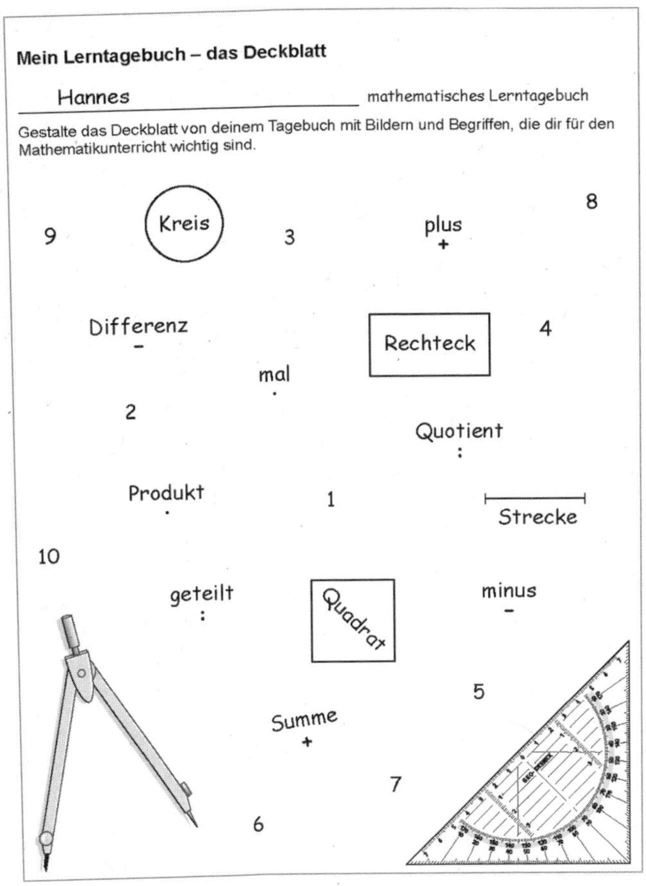
Mein Lerntagebuch – das Deckblatt

Hannes mathematisches Lerntagebuch

Gestalte das Deckblatt von deinem Tagebuch mit Bildern und Begriffen, die dir für den Mathematikunterricht wichtig sind.

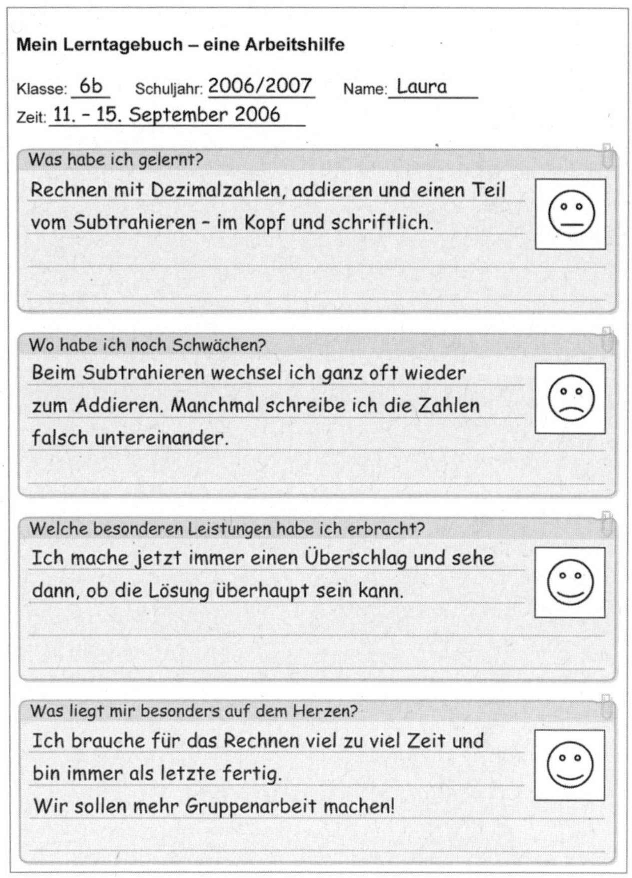
Mein Lerntagebuch – eine Arbeitshilfe

Klasse: 6b Schuljahr: 2006/2007 Name: Laura
Zeit: 11. – 15. September 2006

Was habe ich gelernt?
Rechnen mit Dezimalzahlen, addieren und einen Teil vom Subtrahieren – im Kopf und schriftlich.

Wo habe ich noch Schwächen?
Beim Subtrahieren wechsel ich ganz oft wieder zum Addieren. Manchmal schreibe ich die Zahlen falsch untereinander.

Welche besonderen Leistungen habe ich erbracht?
Ich mache jetzt immer einen Überschlag und sehe dann, ob die Lösung überhaupt sein kann.

Was liegt mir besonders auf dem Herzen?
Ich brauche für das Rechnen viel zu viel Zeit und bin immer als letzte fertig.
Wir sollen mehr Gruppenarbeit machen!

Als zweites Blatt schreibt ihr auf, welchen Nutzen das Tagebuch hat. Dazu teilt euch eure Lehrerin oder euer Lehrer ein Arbeitsblatt aus, das heißt **„Mein Lerntagebuch – Wofür ich es brauche!“** Ihr könnt ein paar Ideen in der Klasse sammeln und bearbeitet es dann mit einer Partnerin oder einem Partner.

Außerdem kannst du in deinem Lerntagebuch
- Zeitungsauschnitte sammeln
- Informationen aus dem Internet ablegen
- eigene Zeichnungen zum Thema abheften
- Lernplakate abheften
- deine Erfahrungen in Gruppen- und Partnerarbeit festhalten

Mein Lerntagebuch – das Deckblatt

________________________________ mathematisches Lerntagebuch

Gestalte das Deckblatt von deinem Lerntagebuch mit Bildern und Begriffen, die dir für den Mathematikunterricht wichtig sind.

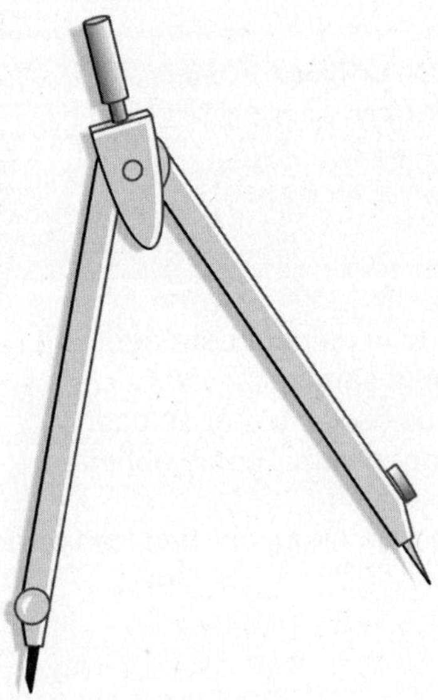

Summe
+

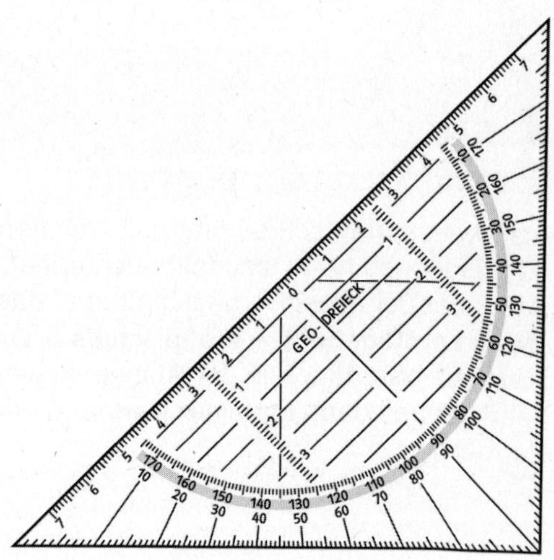

978-3-12-746462-7 Einblicke Mathematik 6, Serviceband

Ernst Klett Verlag GmbH, Stuttgart 2006

Mein Lerntagebuch – Wofür brauchen wir das?

Wenn ihr das meint, dann lest erst einmal weiter. Suche dir eine Partnerin oder einen Partner und diskutiert über diese Seite.

Die Idee:
Jeder von euch führt ein eigenes "Tagebuch" über den Mathematikunterricht, dabei machst du deine **persönliche Anmerkungen** darüber
– was du nicht verstehst und
– was du verstehst,
– was du bei diesem Thema dazu gelernt hast,
– was dir zu diesem Thema wichtig erscheint.

Higmet hat folgendes aufgeschrieben:
- Im Lerntagebuch schreibe ich auf, was ich kann und was nicht.
- Ich kann immer wieder nachlesen, was ich gelernt habe.
- Unsere Lehrerin kann die Blätter einsammeln und erkennt, was sie mit uns üben muss.
- Im Lerntagebuch sammeln wir Lerntipps.

Sophie schreibt:
- Ich sammle Zeitungsartikel und Internetbeiträge zum aktuellen Thema.
- Wenn mir zuhause Fragen einfallen, schreibe ich sie in mein Lerntagebuch.
- Ich mag lieber Gruppenarbeit oder mit Marien zusammenarbeiten als alleine.
- Nach einigen Wochen kann ich noch mal zurückblättern, was wir gemacht haben.

Was meinst du? Hast du weitere Ideen, wofür das Lerntagebuch hilfreich ist?

____

____

____

____

Mein Lerntagebuch

Das Führen eines Tagebuches bedeutet natürlich Mühe. Es kann dir aber helfen,
- den roten Faden im Unterricht und bei deiner selbstständigen Arbeit nicht zu verlieren,
- deinen Lernfortschritt besser zu kontrollieren,
- besser zu lernen und
- größeren Erfolg zu haben.

Also: Los geht's!

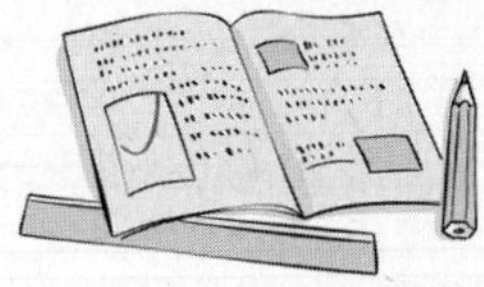

Mein Lerntagebuch – eine Arbeitshilfe

Klasse: ______ Schuljahr: ______________ Name: ______________________________

Zeit: ________________________________

Was habe ich gelernt?

Wo habe ich noch Schwächen?

Welche besonderen Leistungen habe ich erbracht?

Was liegt mir besonders auf dem Herzen?

Stellenwertsystem und Dezimalschreibweise

1 Trage die Preise aus den Kassenzetteln in die Stellenwerttafeln ein.

Middlers Irish Pub
*Seestraße 1**88045 Friedrichshafen*

#0002 29-06-05
Tischnummer 431

1 Mineralwasser	*1,94
1 Chicken Wings	*10,21
2 Mug Milk Coffee	*4,28
1 Apple Pie	*3,83
Euro	*20,26
MwSt. 16%	*3,24

Please call again

	T	H	Z	E	,	z	h
Mineralwasser					,		
Chicken Wings					,		
Mug Milk Coffee					,		
Apple Pie					,		
Gesamtsumme (€)					,		
Mehrwertsteuer					,		

Galerie Kaufrausch
Konstanz

Freizeitschuhe 2000013145260	126,68
Herren T-Shirt 4333097601826	15,32
T-Shirt 1/2-Arm 2000013167354	18,88
Total	€ 160,88

	T	H	Z	E	,	z	h
					,		
					,		
					,		
					,		

2 Schreibe in der Dezimalschreibweise. Zur Selbstkontrolle findest du die Lösungen auf der rechten Seite. Die Lösungsbuchstaben ergeben ein Lösungswort.

a) null Komma sieben	________ , ________	15,34	O
b) fünfzehn Komma drei vier	________ , ________	0,000 3	E
c) einhundertfünfunddreißig Komma neun acht sieben	________ , ________	90,304 4	E
d) sechsundachtzig Komma null acht	________ , ________	300,834	S
e) zweitausend Komma null zwei	________ , ________	135,987	D
f) dreihundert Komma acht drei vier	________ , ________	86,08	E
g) neunzig Komma drei null vier vier	________ , ________	2 000,02	N
h) null Komma null null null drei	________ , ________	0,7	B

Lösungswort: __ __ __ __ __ __ __ __

Dezimalzahlen auf dem Zahlenstrahl

Material: Geodreieck oder Lineal

1 Wie viel Liter (l) sind jeweils im Messzylinder? Notiere die Füllmenge.

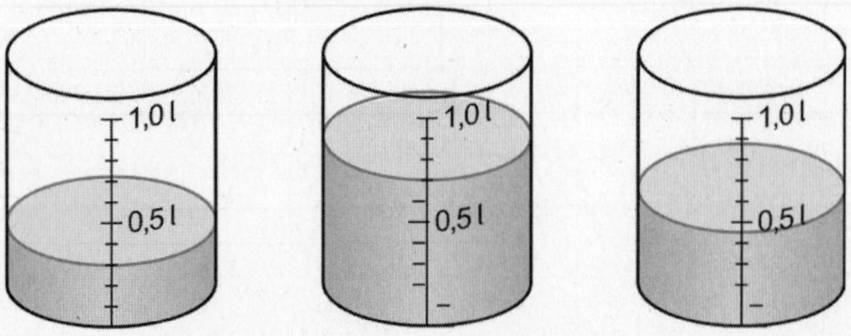

2 Beschrifte den Zahlenstrahl.

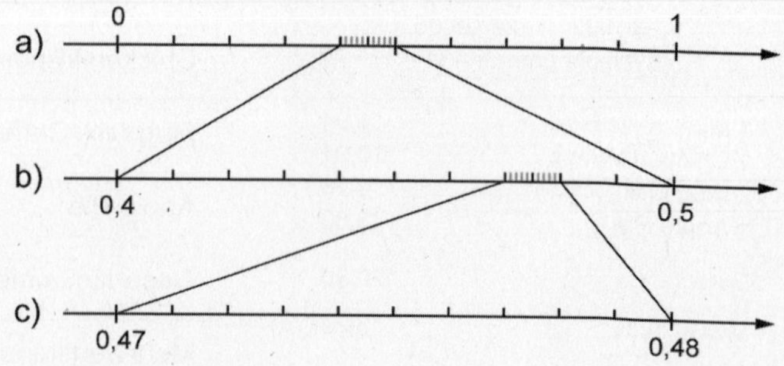

3 Welche Temperaturen in °C sind auf dem Fieberthermometer markiert?

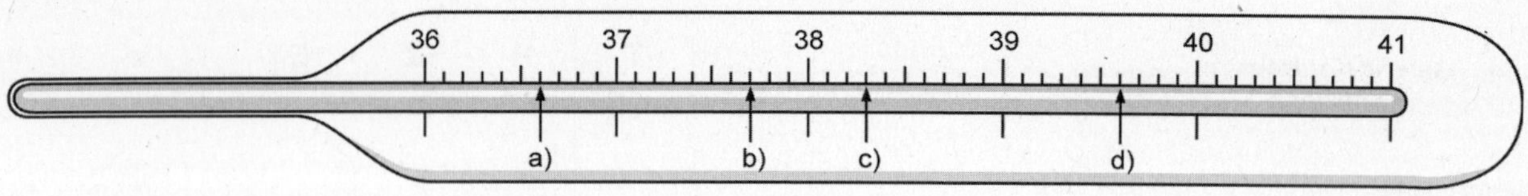

a) ______________ b) ______________ c) ______________ d) ______________

4 Hier kannst du mithilfe des Geodreiecks oder mit dem Lineal eine Zahl auf dem Zahlenstrahl genau eintragen oder ablesen.
Beispiel: Die Zahl 1,5 eintragen:
1 Du legst die Null auf dem Geodreieck oder Lineal auf die Null vom Zahlenstrahl.
2 Bei 1,5 cm zeichnest du nun den Markierungsstrich in den Zahlenstrahl ein.
3 Schreibe jetzt die Zahl 1,5 über den Markierungsstrich.

Markiere die Zahlen über dem Markierungsstrich mithilfe des Geodreiecks oder Lineals.

a) 1,4; 4,9; 0,7; 2,1; 5,6; 3,5; 11,9; 8,4

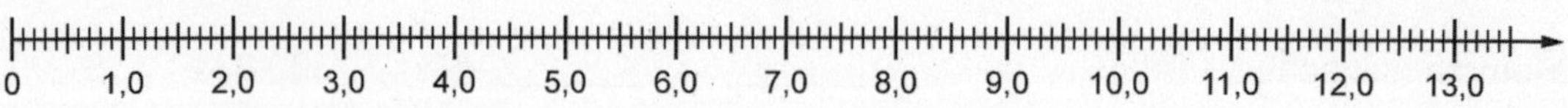

b) 7,2; 12,1; 2,9; 11,5; 0,8; 4,6; 10,1; 1,7

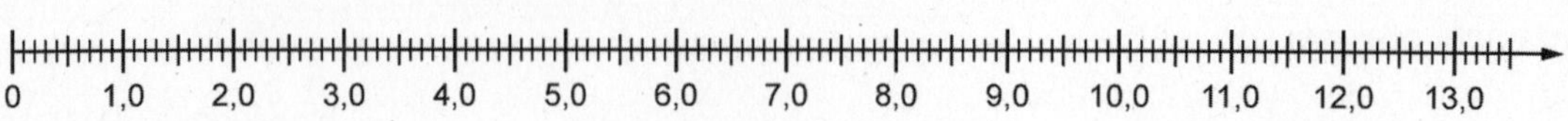

c) 0,3; 0,07; 0,62; 1,11; 0,87; 0,46; 1,25; 0,7

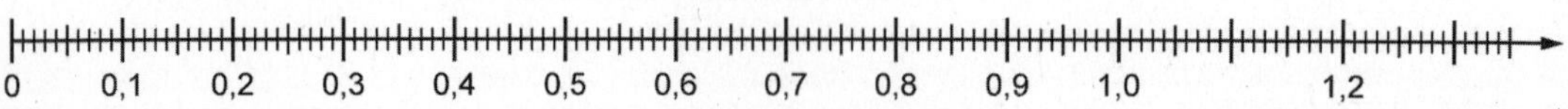

Vergleichen und Ordnen von Dezimalzahlen

1 Vergleiche die Zahlen und setze eines der Zeichen <, = oder > ein.

a)			b)			c)		
0,35	□	0,36	0,035	□	0,035 0	0,999	□	0,1
0,02	□	0,20	0,213	□	0,123	0,065	□	0,07
0,2	□	0,20	0,99	□	0,999	4,1	□	4,100 0
2,86	□	2,68	0,88	□	0,808	13,7	□	13,007
6,77	□	7,66	3,7	□	3,690	0,346	□	0,034 6
8,98	□	8,89	0,202	□	0,22	2,03	□	3,2
45,4	□	5,54	0,4	□	0,400	15,15	□	5,151
17,4	□	17,4	0,080 8	□	0,080 88	0,83	□	0,803

Tipp
Anhängen oder Wegnehmen von Endnullen ändern den Wert einer Kommazahl nicht.
0,6=0,60=0,600=0,6000

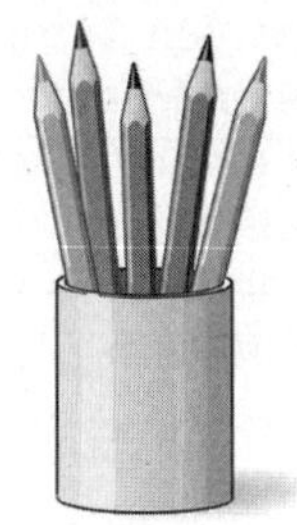

2 Male für jedes Produkt jeweils das Kästchen mit dem niedrigsten bzw. höchsten Preis aus. Höchster Preis für ein Produkt: roter Buntstift. Niedrigster Preis für ein Produkt: grüner Buntstift. Wenn du richtig gearbeitet hast, erhältst du ein regelmäßiges Muster.

	1 Tafel Vollmilchschokolade 150 g	Nussnougatcreme 750 g	1 Liter Vollmilch (3,5 %)	1 Pizza Salami	1 Packung Cornflakes 750 g	Katzentrockenfutter 450 g
Geschäft A	0,56 €	2,59 €	0,82 €	2,30 €	4,04 €	1,47 €
Geschäft B	0,57 €	2,53 €	0,59 €	2,17 €	4,01 €	1,51 €
Geschäft C	0,57 €	2,55 €	0,61 €	2,19 €	4,03 €	1,54 €
Geschäft D	0,59 €	2,65 €	0,65 €	2,28 €	4,09 €	1,49 €
Geschäft E	0,65 €	2,54 €	0,51 €	1,89 €	4,07 €	1,55 €

3 Ordne der Größe nach.

a) 1,10; 1,05; 1,056; 2,1 ______ < ______ < ______ < ______

b) 0,46; 0,446; 0,004; 0,04 ______ < ______ < ______ < ______

c) 6,1; 5,99; 5,09; 6,111 ______ < ______ < ______ < ______

d) 3,22; 3,97; 2,87; 3,07 ______ < ______ < ______ < ______

e) 8,98; 99,8; 9,88; 8,99 ______ < ______ < ______ < ______

f) 0,10; 1,11; 1,01; 1,1 ______ < ______ < ______ < ______

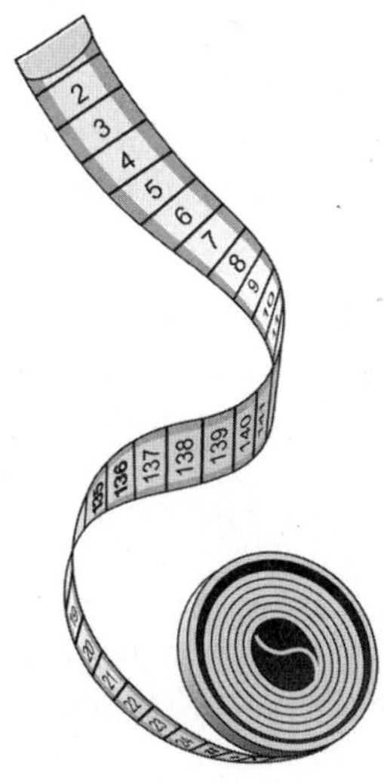

978-3-12-746462-7 Einblicke Mathematik 6, Serviceblätter

Ernst Klett Verlag GmbH, Stuttgart 2006

Dezimalzahlen in deiner Umgebung

1 Bei allen Größenangaben in dieser Aufgabe ist das Komma verschwunden. Setze es an der richtigen Stelle und diskutiere mit deiner Partnerin oder deinem Partner, warum du es dort hingesetzt hast.

a) Bei den Bundesjugendspielen ist jedes Kind 50 000 m gelaufen. Fernando war mit einer Zeit von 801 s der schnellste Junge, Maja mit 768 s das schnellste Mädchen.

b) Im Weitsprung gibt es ab einer Weite von 140 cm Punkte, die meisten Punkte bekommt man bei einer Weite von 805 m. Aus Spaß haben vier Freunde ihre Sprungweiten addiert und sind auf 1648 m gekommen.

c) Paul fährt morgens mit dem Bus zum Sportplatz, die Fahrt kostet 90 €. Davor war er beim Bäcker und hat für eine Brezel 70 ct bezahlt.

d) Pia kommt mit dem Fahrrad zur Schule, ihr Tachometermesser zeigt eine Entfernung von 2768 km an.

e) Maik wohnt gleich neben dem Sportplatz, er muss nur 200 km laufen.

2 a) Auch beim Kochen sind die Kommas an der richtigen Stelle wichtig, sonst ist das Essen ungenießbar. So wie die Rezepte jetzt sind, brauchst du mehr als eine Badewanne um Platz für die Zutaten zu haben. Setze die Kommas an der richtigen Stelle. Vergleiche mit deinem Partner oder deiner Partnerin.

Pizzateig für vier Personen:
400 kg Mehl
1500 g Hefe
250 l Wasser
20 Esslöffel Salz
Hefe in warmem Wasser auflösen und mit den anderen Zutaten mischen. Teig gehen lassen, ausrollen und belegen.

Bananenmilch für eine Person:

200 l Milch
5 Päckchen Vanillezucker
20 Bananen

Alle Zutaten mischen und mit einem Pürierstab mixen.

Obstsalat für zwei Personen:

500 kg Weintrauben
10 Äpfel
100 Bananen
20 Mandarinen

Obst waschen, klein schneiden und mischen.

b) Wähle aus den Zutaten aus, was und wie viel du auf deine Pizza legen würdest. Achte auf das Komma.

3 Entscheide bei den folgenden Aussagen, ob sie zutreffen oder nicht. Begründe deine Antwort.

a) Geldbeträge in Euro werden immer mit zwei Stellen hinter dem Komma angegeben. ____________

b) Gewichtsangaben in Kilogramm können unterschiedlich viele Stellen hinter dem Komma haben. ________

c) Das Komma trennt große und kleine Maßeinheiten. ____________________________

d) Je mehr Stellen hinter dem Komma stehen, umso genauer ist eine Größe angegeben. __________

e) Das Gewicht eines Körnchens Gold und eines Lastwagens kann man in kg angeben. ___________

978-3-12-746462-7 Einblicke Mathematik 6, Serviceblätter

Ernst Klett Verlag GmbH, Stuttgart 2006

Dezimalzahlen addieren und subtrahieren

1 Addiere jeweils zwei benachbarte Zahlen und trage die Ergebnisse in das Feld darüber ein.

a)

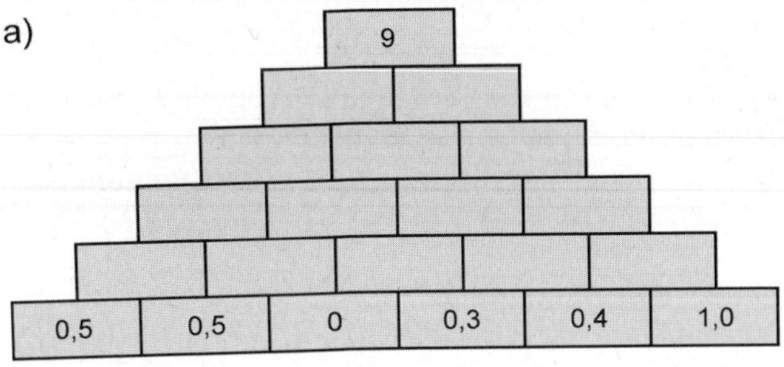

b)

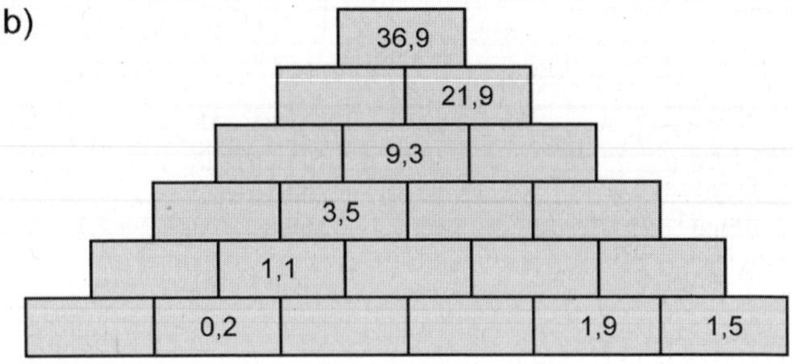

c)

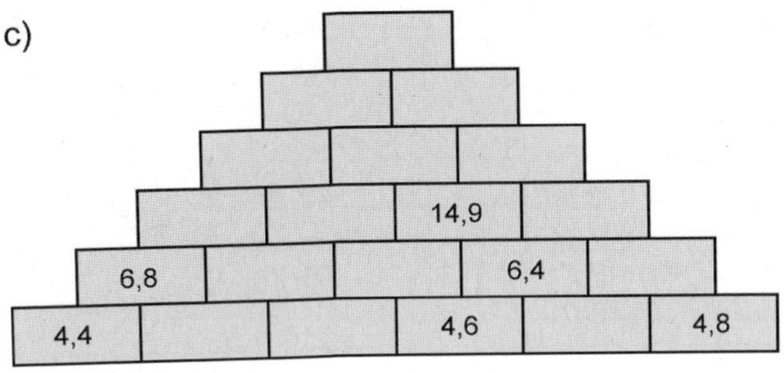

d)

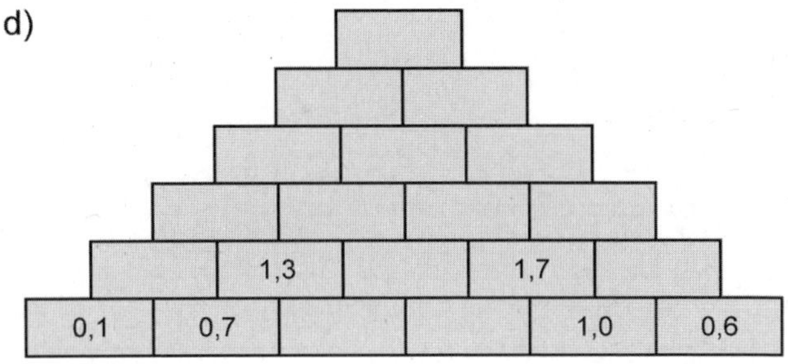

2 Berechne. Beispiel:

120 + 240 = 360
12 + 24 = 36
1,2 + 2,4 = 3,6
0,12 + 0,24 = 0,36
0,012 + 0,024 = 0,036

a) 350 + 450
b) 630 – 370
c) 450 + 460
d) 333 – 222
e) 1000 + 2500

3 Berechne.

a) 4,5 + 6,3
12,5 + 7,5
0,34 + 0,38
14,3 + 3,6
124,8 + 0,2
0,74 + 2,39

b) 5,9 – 4,3
10,1 – 0,6
0,63 – 0,07
1,02 – 0,04
9,88 – 1,88
2,39 – 0,74

4 Ergänze die Rechennetze.

a)

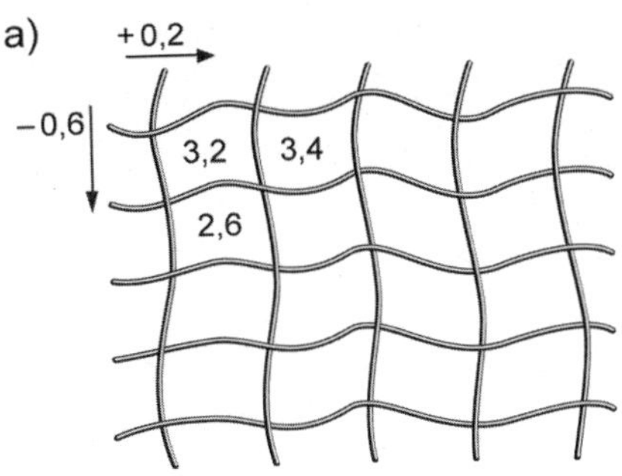

b)

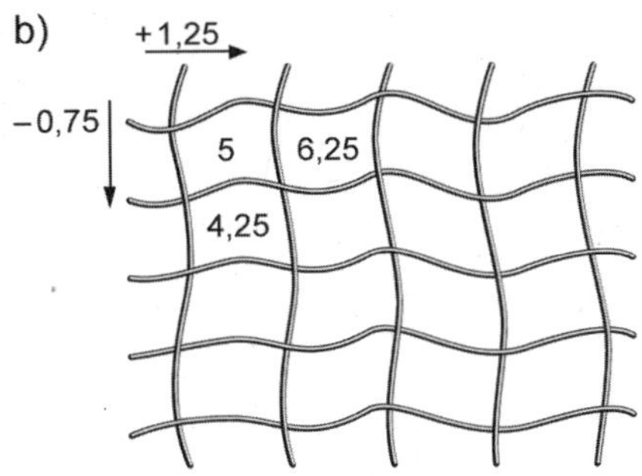

c)

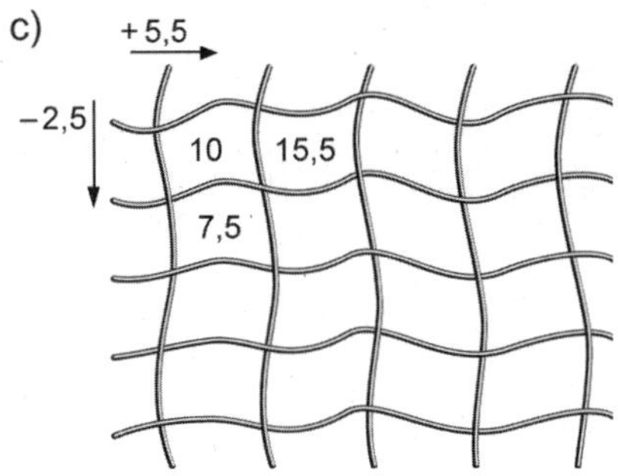

d) In den Rechennetzen verstecken sich Zahlenfolgen. Finde sie, schreibe sie auf und setze sie fort.

Beispiel: 3,2 ; 3,4 ; 3,6 ; 3,8 ; ______ ; ______ ; ______ ; ______ ; ______ ; ______

Weitere Zahlenfolgen sind: ______ ; ______ ; ______ ; ______ ; ______ ; ______ ; ______ ; ______

______ ; ______ ; ______ ; ______ ; ______ ; ______ ; ______ ; ______ ; ______ ; ______ ; ______

Schriftliche Addition und Subtraktion

1 Addiere oder subtrahiere. Denke stets an den Übertrag.

a)

Getränke-Shop

Lemon	3,57
Pfand	3,38
Apelsaft	5,10
Pfand	2,46
Summe (€)	______
Bar	20,00
Rückgeld	______

14.05.05 17:25 8648202 0600 8200

b)

SUPER-MARKT

Blattspinat	1,95
Nudelspaß	0,51
Nudelspaß	0,51
Milch	0,61
Summe (€)	______
Bar	______
Rückgeld	7,00

02.07.05 15:20 Vielen Dank!

Tipp

1. Schritt: Artikel 1 + Artikel 2 + Artikel 3 + Artikel 4 = **Gesamtsumme**

2. Schritt: Bar − Gesamtsumme = **Rückgeld**

2 Berechne.

a) 7,99 + 0,473 + 3,8

b) 5,004 + 2,398 + 7,582

c) 1,435 + 7,0002 + 7,582

d) 2,003 + 0,07 + 8,95

e) 18,6 − 5,2

f) 13,23 − 2,84

g) 26,073 − 6,0073

h) 20,202 − 2,020

3 Schreibe die Zahlen stellenrichtig untereinander und rechne. Achte auf die Subtraktion mehrerer Zahlen.

a) 120,4; 0,5; 8,02; 8

+ + +

b) 28,40; 0,8; 150,05; 14

150,05 − − −

c) 0,04; 4,04; 0,0404; 40,04

+ + +

d) 28,9; 0,098; 9,0008; 88,99

88,99 − − −

Dezimalzahlen multiplizieren

1 Multipliziere.

a)

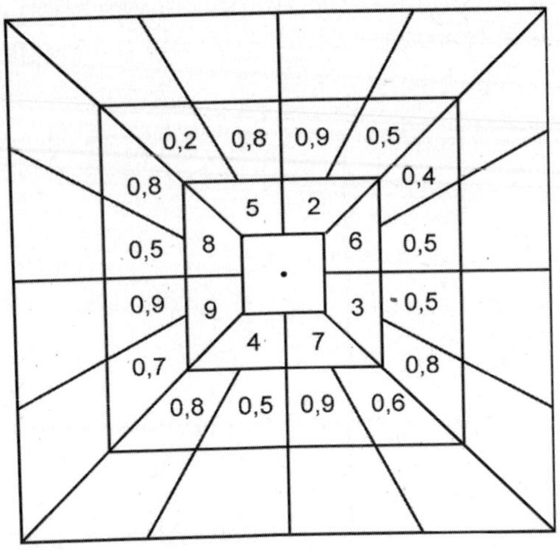

b)

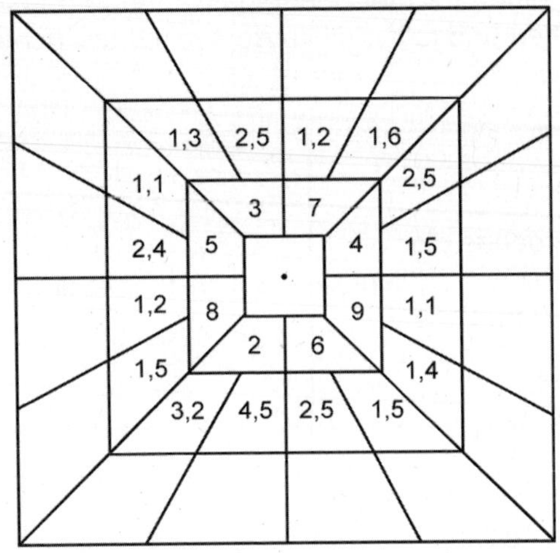

2 Rechne im Kopf.

a) 0,2 · 5 = ______

0,3 · 6 = ______

8 · 1,2 = ______

0,9 · 4 = ______

b) 0,05 · 2 = ______

0,17 · 5 = ______

0,13 · 3 = ______

1,02 · 7 = ______

c) 0,002 · 7 = ______

0,011 · 4 = ______

0,025 · 8 = ______

0,024 · 5 = ______

d) 0,07 · 5 = ______

0,25 · 0,4 = ______

0,4 · 2,5 = ______

6 · 0,01 = ______

3 Berechne schriftlich.

a) 2 Stellen

56 · 7,34 =

5 6 · 7 3 4

Endergebnis: ___ Stellen

b) ___ Stellen

4,05 · 225 =

Endergebnis: ___ Stellen

c) ___ Stellen

2,25 · 4 =

Endergebnis: ___ Stellen

d) ___ Stellen

2,002 · 75 =

Endergebnis: ___ Stellen

Rechnen mit Köpfchen – Dezimalzahlen

Material: Puzzleteile, Schere
Suche dir einen Partner oder eine Partnerin. Zerschneidet das Bild unten, rechnet die Aufgaben von oben in euren Heften und legt die Puzzleteile mit der richtigen Lösung auf die entsprechenden Felder auf die Aufgabenkarte.

Berechne die Differenz der Zahlen 23,710 und 15,01.	13,24 · 4	0,5 50,5 + 505,05	Addiere zu 56,268 die Zahl 3,52.
43,23 6,63 + 67,14	Die Summanden sind 6,5 und 34,45.	88,8 8,888 + 0,88	Addiere zum Produkt aus 3,4 und 5,5 die Zahl 5,30.
Multipliziere 75,2 mit 3,5.	84,12 · 5	Berechne die Summe der Zahlen 156,47 und 47,589.	17 – 9,98

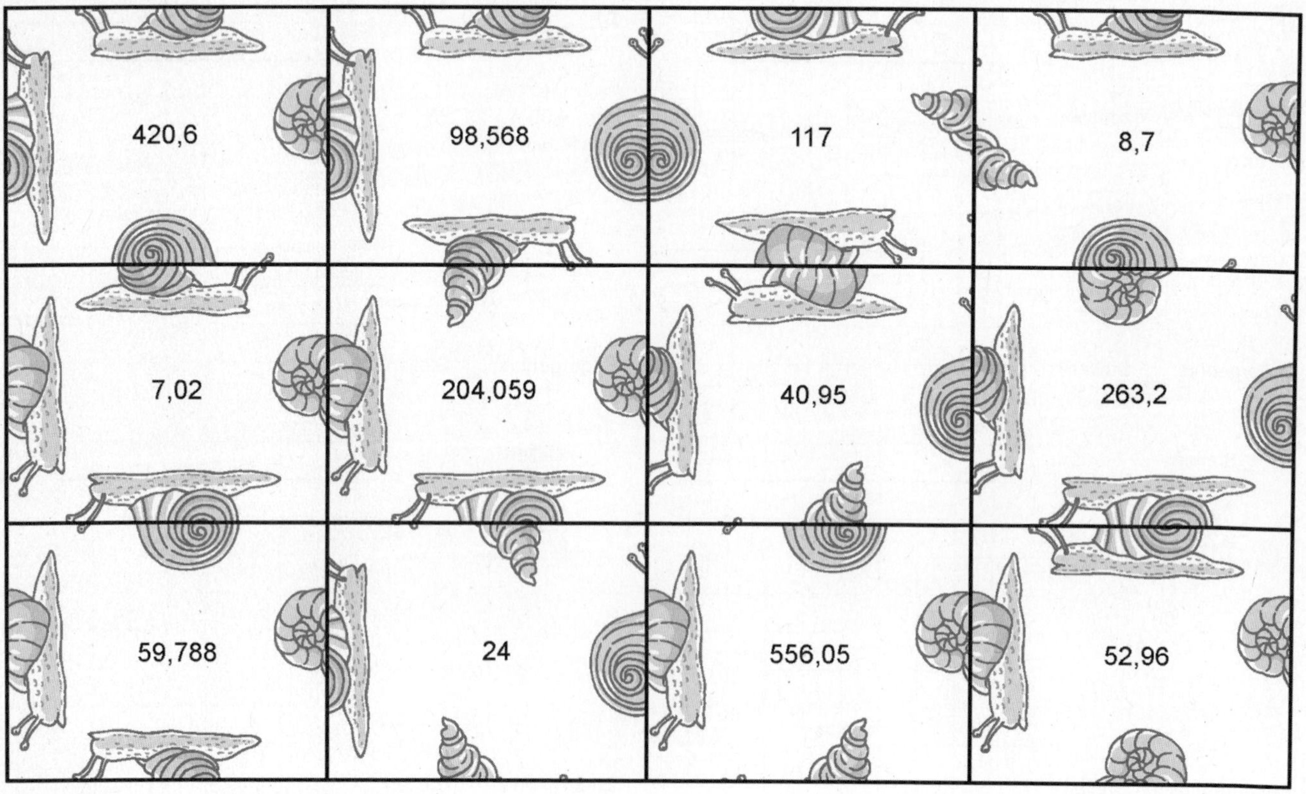

⏱ 20 min ☨ Partnerarbeit

978-3-12-746462-7 Einblicke Mathematik 6, Serviceblätter

Ernst Klett Verlag GmbH, Stuttgart 2006

Dezimalzahlen dividieren

1 Löse die Aufgaben in der vorgegebenen Reihenfolge. Du findest die Lösungen in der Tabelle rechts. Die Wörter ergeben einen Lösungssatz.

	Lösungen	
a) 0,9 : 3 =	0,03	an
b) 0,8 : 4 =	3,01	Wand,
c) 0,27 : 9 =	0,005	der
d) 0,025 : 5 =	3,1	gibt
e) 12,04 : 4 =	6,07	die Hand:
f) 15,5 : 5 =	0,3	Es
g) 40,55 : 5 =	8,11	jedem
h) 36,42 : 6 =	0,2	hängt

2 Fülle die leeren Kästchen aus.

a) 10,8 —:6→ ☐ —:9→ ☐ —:5→ ☐ —:4→ ☐ —:2→ ☐ —:5→ 0,001

b) 7,2 —:3→ ☐ —:2→ ☐ —:12→ ☐ —:5→ ☐ —:5→ ☐ —:4→ 0,001

3 Berechne schriftlich.

Beispiel: 8 3 9 , 2 : 8

```
 8 3 9,2 : 8 = 1 0 4,9
-8
 0 3
-  0
   3 9
-  3 2
     7 2   ——→ Setze jetzt
-    7 2       das Komma.
       0
```

a) 4 3 , 2 : 8

b) 6 0 , 3 5 : 5

c) 1 1 2 , 4 0 : 2

d) 1 0 , 2 4 : 4

e) 5 3 , 9 2 : 8

Ernst Klett Verlag GmbH, Stuttgart 2006

Positive und negative Zahlen – Die Wetterhütte

1 a) Eine Wetterhütte ist ein luftdurchlässiger Kasten, der sich etwa 2 m über der Erde befindet. In der Wetterhütte wird neben Luftfeuchtigkeit und Luftdruck auch die Temperatur gemessen. Dies passiert alle zwei Stunden. In der Tabelle siehst du die jeweils gemessene Temperatur eines Tages, trage sie in die Thermometer ein.

Uhrzeit	1:00	3:00	5:00	7:00	9:00	11:00
Temperatur	0 °C	–1 °C	–1 °C	–1 °C	2 °C	6 °C

Uhrzeit	13:00	15:00	17:00	19:00	21:00	23:00
Temperatur	9 °C	11 °C	10 °C	7 °C	4 °C	2 °C

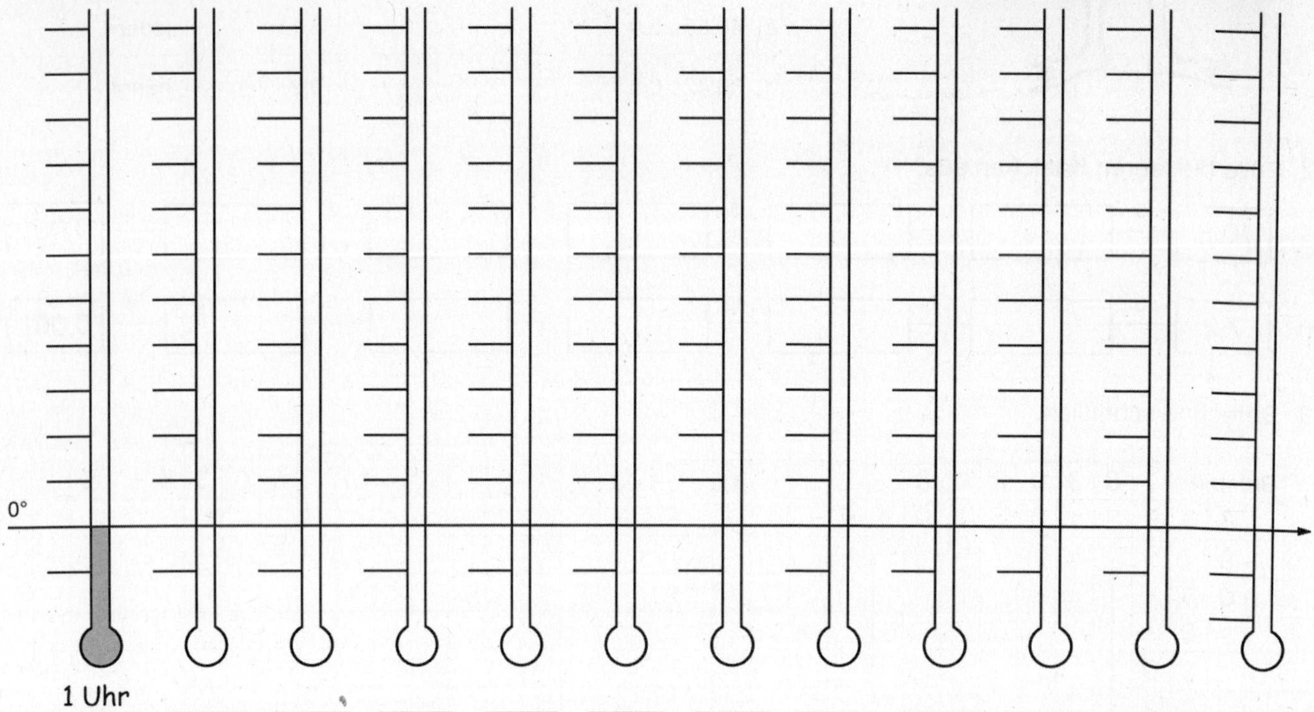

b) Beschreibe den Temperaturverlauf: ______________________________

____

c) Einmal steigt die Temperatur und einmal fällt sie. Begründe. ______________________

d) In welcher Jahreszeit ist die Messung vermutlich erfolgt? ______________________

e) Wähle eine andere Jahreszeit und überlege dir, wie die Temperaturen zu dieser Jahreszeit zu den verschiedenen Uhrzeiten aussehen könnten. Trage deine Vermutungen in die Tabelle ein. Suche dir einen Partner oder eine Partnerin, stelle deine Tabelle vor und lasse die Jahreszeit raten.

Uhrzeit	1:00	3:00	5:00	7:00	9:00	11:00	13:00	15:00	17:00	19:00	21:00	23:00
Temperatur												

Ernst Klett Verlag GmbH, Stuttgart 2006

Zunahme und Abnahme – Wer hat sich im Zahlengewirr versteckt?

Material: Buntstift

1 a) Berechne die Aufgaben im Heft.

b) Ordne jeweils sechs vergleichbare Ergebnisse dem jeweiligen Oberbegriff wie z. B. „Temperatur" zu. Ordne die zusammengehörigen Ergebnisse nach der Größe. Beginne jeweils mit der kleinsten Maßeinheit.

15 m	– 40 m →	-25 m	–6 °C	– 14 °C →	
–565 €	+ 250 € →		–20 cm	+ 30 cm →	
5 °C	+ 13 °C →		0 °C	– 14,5 °C →	
45,75 €	+ 270,25 € →		0,88 €	+ 9,97 € →	
37 °C	– 7 °C →		–62 m	+ 73 m →	
–15 €	– 12 € →		7,5 km	– 7500 m →	
1290 m	– 445 m →		35 cm	– 80 cm →	
225 €	+ 345 € →		27 °C	– 14 °C →	
14 °C	– 14 °C →		–1200 €	+ 1203 € →	

c) Suche die Ergebnisse auf dem Bild und male die Felder aus.

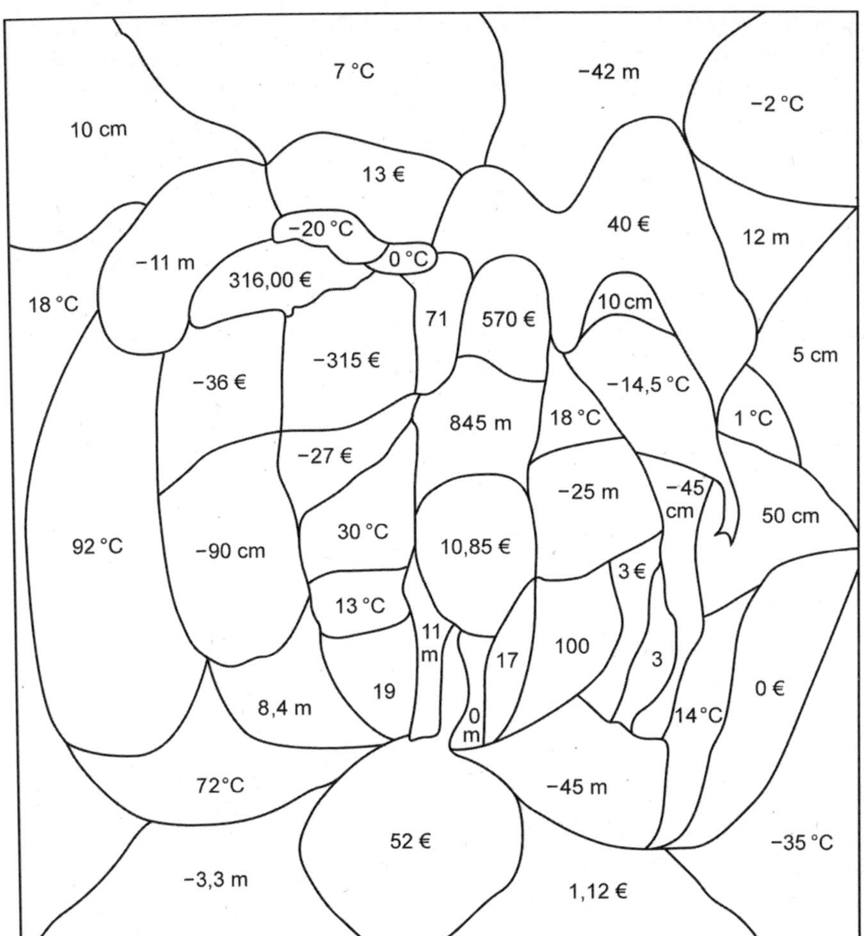

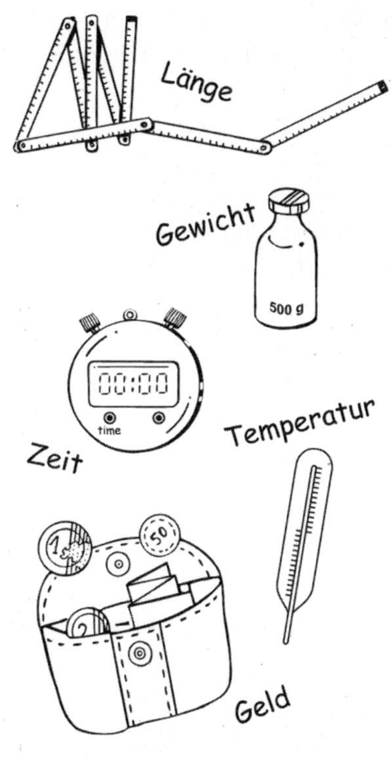

978-3-12-746462-7 Einblicke Mathematik 6, Serviceblätter

Ernst Klett Verlag GmbH, Stuttgart 2006

Kreise

1 Von Heidelberg aus starten Rettungshubschrauber zu Einsatzorten, die bis zu 70 km entfernt sind.
a) Zeichne mit dem Zirkel das Einsatzgebiet ein.
b) Nenne fünf Städte, die im Einsatzgebiet liegen.

___

___

c) In Mainz hat sich ein schwerer Unfall ereignet. Ist der Heidelberger Rettungshubschrauber zuständig?

___

d) Nenne zwei Orte, die von Heidelberg aus etwa gleich weit entfernt sind. Wie findet man solche Orte?

___

___

___

___

Maßstab 1 : 2 000 000

2 Während einer Klassenfahrt an die Ostsee geht Klasse 6c auf Schatzsuche. Am Strand sind drei Fahnen aufgestellt, um diese herum sind 14 Päckchen versteckt. Die Klasse wird in drei Gruppen aufgeteilt. Jede Gruppe erhält ein Metallsuchgerät. Gruppe 1 sucht im Umkreis (Radius) von 6 m um Fahne 1, Gruppe 2 im Umkreis von 4 m um Fahne 2 und der Kreis von Gruppe 3 um Fahne 3 hat einen Durchmesser von 10 m.

a) Wie können die Gruppen ihr Suchgebiet bestimmen? Nenne eine Möglichkeit.

___

___

b) Zeichne die Kreise auf die Schatzkarte mit dem Maßstab 1 : 200.

c) Die Gruppen überlegen sich vor dem Suchen eine Strategie. Wo würdest du zuerst suchen? Begründe!

___

___

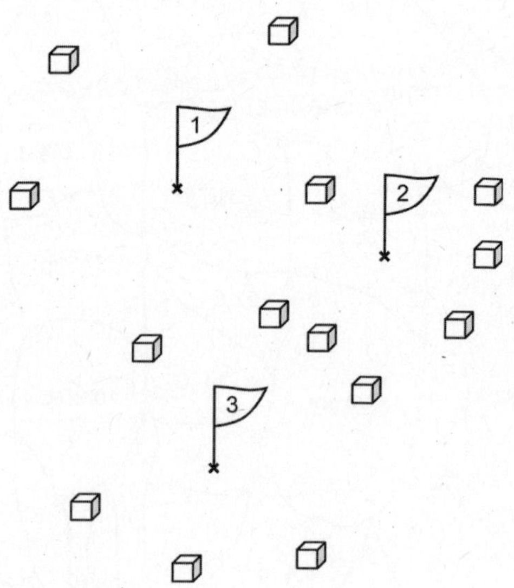

d) Wie viele Päckchen kann jede Gruppe finden?

Gruppe 1 _____ Gruppe 2 _____ Gruppe 3 _____

e) Male die Päckchen
– grün an, die Gruppe 1 und 2 finden können,
– rot an, die Gruppe 2 und 3 finden können,
– gelb an, die Gruppe 1 und 3 finden können.

f) Male die Päckchen blau an, die alle Kinder finden können.

g) Zeichne drei Päckchen ein, die keine Gruppe finden kann.

978-3-12-746462-7 Einblicke Mathematik 6, Serviceblätter

Ernst Klett Verlag GmbH, Stuttgart 2006

Mandalas – Mit dem Zirkel zeichnen will gelernt sein

1 Entwirf ein Mandala. Zeichne dazu Kreise mit den Radien 2 cm, 2,5 cm, 3 cm, 3,5 cm, 4 cm, 4,5 cm und 5 cm. Der Mittelpunkt aller Kreise liegt beim Punkt x. Male das Mandala bunt an und ein Bild in den Mittelkreis.

×

2 Zeichne das Mandala vergrößert auf ein weißes Blatt Papier ab. Wähle als Radien $r_1 = 6$ cm und $r_2 = 4$ cm. Überlege selbst, wie groß der Radius r_3 sein muss.
Tipp zum Finden der Mittelpunkte: Eine Kreislinie kann man in sechs gleiche Teile teilen, wenn man den Radius von einem beliebigen Punkt der Kreislinie ausgehend hintereinander abträgt. Das heißt, man sticht den Zirkel auf dem Kreis ein und sucht den Punkt, wo sich der Zirkel erneut mit dem Kreis schneidet.
Gestalte dein Mandala, wie es dir gefällt, z. B. als Weihnachtsmandala oder Schneemannmandala.

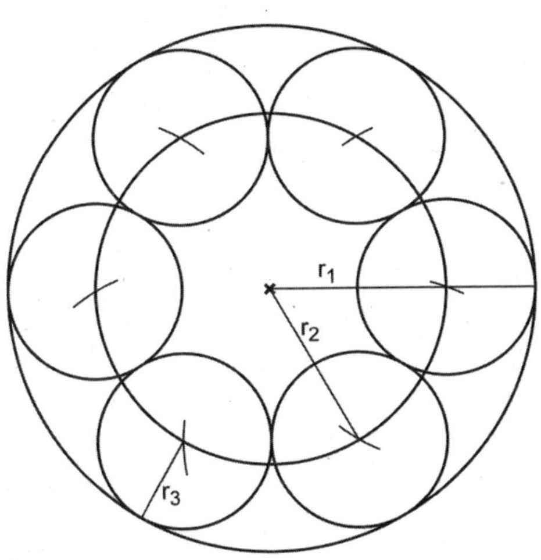

978-3-12-746462-7 Einblicke Mathematik 6, Serviceblätter

Winkel messen

1 Winkel werden mit griechischen Buchstaben bezeichnet. Schreibe die griechischen Buchstaben zehnmal und lerne, wie sie heißen.

alpha α α α ______________________ beta β β β ______________________

gamma γ γ γ ______________________ delta δ δ δ ______________________

2 Markiere den Winkel durch einen Kreisbogen und benenne ihn mit den griechischen Buchstaben α, β, γ.

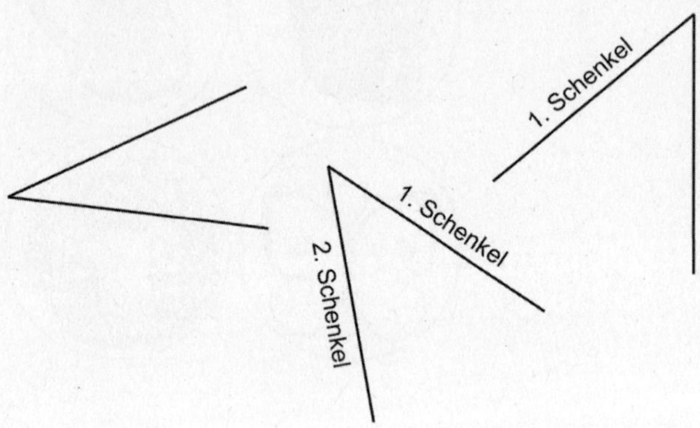

3 Prüfe mit der Ecke eines DIN-A-4-Blattes, welches der größte und welches der kleinste Winkel ist. Färbe den größten Winkel rot und den kleinsten gelb.

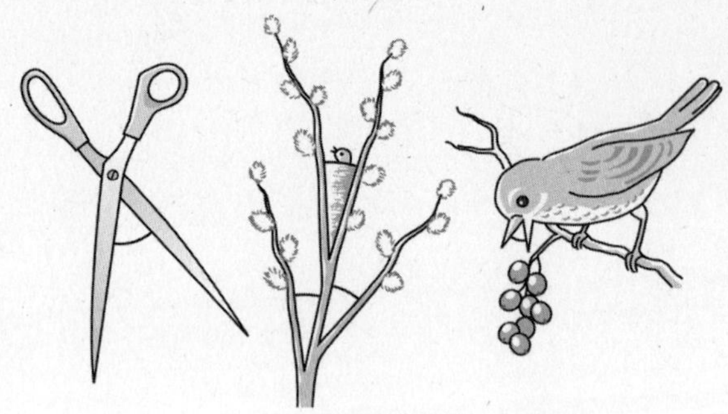

4 Male die Winkel im Kreis abwechselnd zweifarbig aus. Schneide die Winkel aus und klebe die Kreisteile zum Messen in die Winkel α, β, und γ.

a) In welchen Winkel passen die meisten Kreisteile? ______________________

b) In welchen Winkel passen die wenigsten Kreisteile ? ______________________

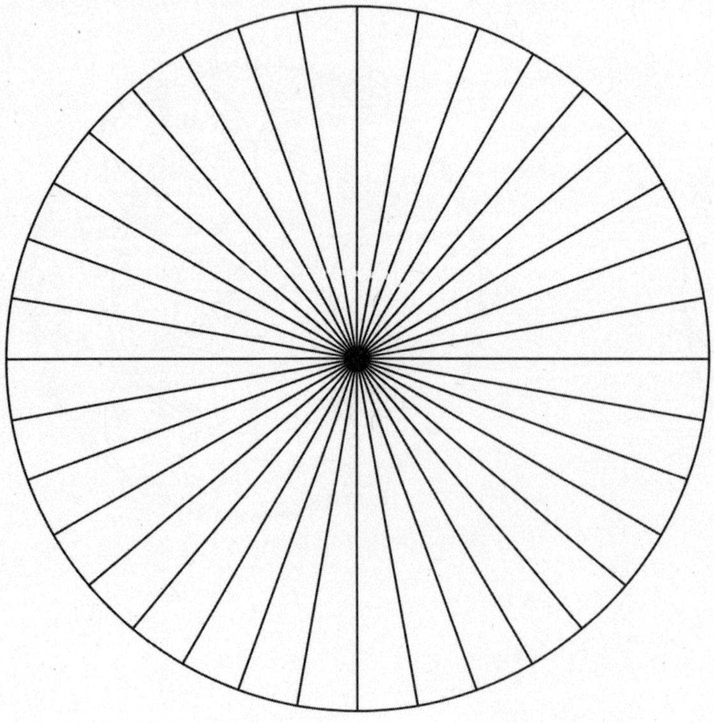

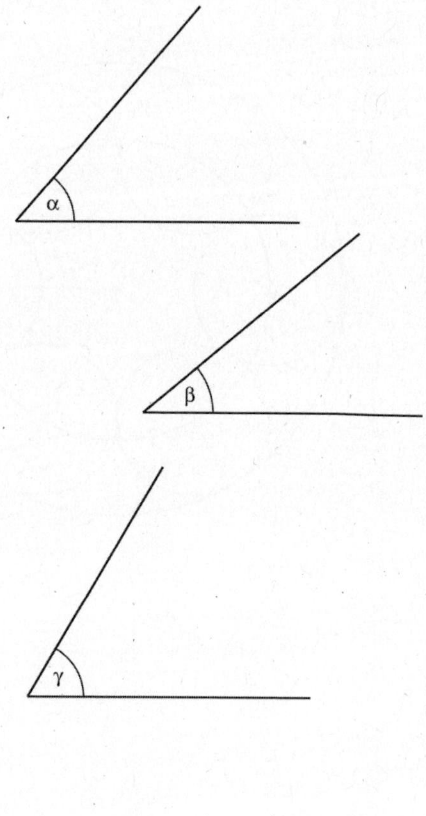

Stationenlernen – Winkel schätzen, messen, zeichnen

Name: ____________________________________

Kreuze an, was du erledigt hast.

Lernzirkel A:	**Lernzirkel B:**
Station 1 ☐	Station 5 ☐
Station 2 ☐	Station 6 ☐
Station 3 ☐	Station 7 ☐
Station 4 ☐	Station 8 ☐

Dieses Stationenlernen besteht aus zwei Lernzirkeln:
Im Lernzirkel A werden Winkelgrößen geschätzt und gemessen und im Lernzirkel B werden Winkel gezeichnet. Jeder der beiden Lernzirkel besteht aus vier Übungen. Im Lernzirkel A arbeitest du mit einer Partnerin oder einem Partner zusammen und in Lernzirkel B meist in Einzelarbeit.
Du musst von jedem Lernzirkel mindestens zwei Stationen bearbeiten.
Du darfst weitere Stationen bearbeiten, wenn dir noch Zeit bleibt.

Lernzirkel A – Station 1: Winkel schätzen mit Winkelkarten

Material: Papier und Stift für jedes Kind; Winkelkarten
Spiel für 2 bis 6 Spieler. Die Spielregeln:
– Der älteste Spieler ist Spielleiter, er legt eine Tabelle mit den Namen der Mitspielerinnen und Mitspieler an und füllt die Tabelle nach jeder Spielrunde aus. Der Spielleiter spielt auch mit.

	Spielrunde (Beispiel)	Hans hat sich verschätzt um:	Ute hat sich verschätzt um:	Merve hat sich verschätzt um:	Alper hat sich verschätzt um:
1.	90°	1 °	40 °	30 °	0 °
2.	100°	8 °	25 °	25 °	15 °

– Jeder Spieler legt sich ein Blatt Papier zurecht und etwas zu schreiben. Die Winkelkarten werden gemischt und mit dem Winkel nach oben als Stapel auf die Tischmitte gelegt.
– Alle Spieler schätzen die Größe des Winkels, der oben auf dem Stapel liegt und notieren die geschätzte Gradzahl verdeckt auf dem Zettel.
– Auf ein Zeichen des Spielleiters zeigen alle Spieler die jeweils geschätzte Winkelgröße. Die oben liegende Winkelkarte wird herumgedreht. Auf der Rückseite steht die korrekte Winkelgröße.
– Der Spielleiter notiert in der Tabelle, um wie viel Grad sich die Spieler verschätzt haben.
– Das Spiel ist beendet, wenn alle zwölf Winkel geschätzt wurden.
– Nach der letzten Runde werden die notierten Abweichungen addiert. Sieger ist, wer die kleinste Zahl erreicht hat und somit am besten geschätzt hat.

Lernzirkel A – Station 2: Winkel schätzen, messen und zeichnen

Material: pro Spieler eine Spielfigur; 1 Würfel und die Partnerarbeitsblätter
Spielregel: Setzt eure Spielfiguren auf die Startfelder und verteilt die Partnerarbeitsblätter. Der jüngste Spieler beginnt und nennt die Nummer eines Winkels. Der Partner misst den entsprechenden Winkel auf seinem Arbeitsblatt und nennt Winkelgröße und Winkelart. Der Spieler kontrolliert das Ergebnis. Sind beide Lösungen richtig, darf der Partner zweimal würfeln und die höhere Augenzahl weit auf der Schlange vorrücken. Stimmt nur eine Lösung, wird einmal gewürfelt. Sind beide Antworten falsch, darf nicht gewürfelt werden. Wer zuerst das Ziel erreicht, hat gewonnen.

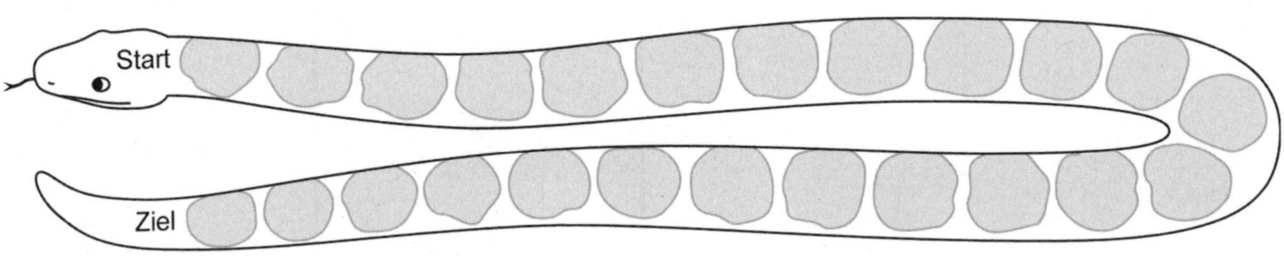

Lernzirkel A – Station 1: Winkelkarten

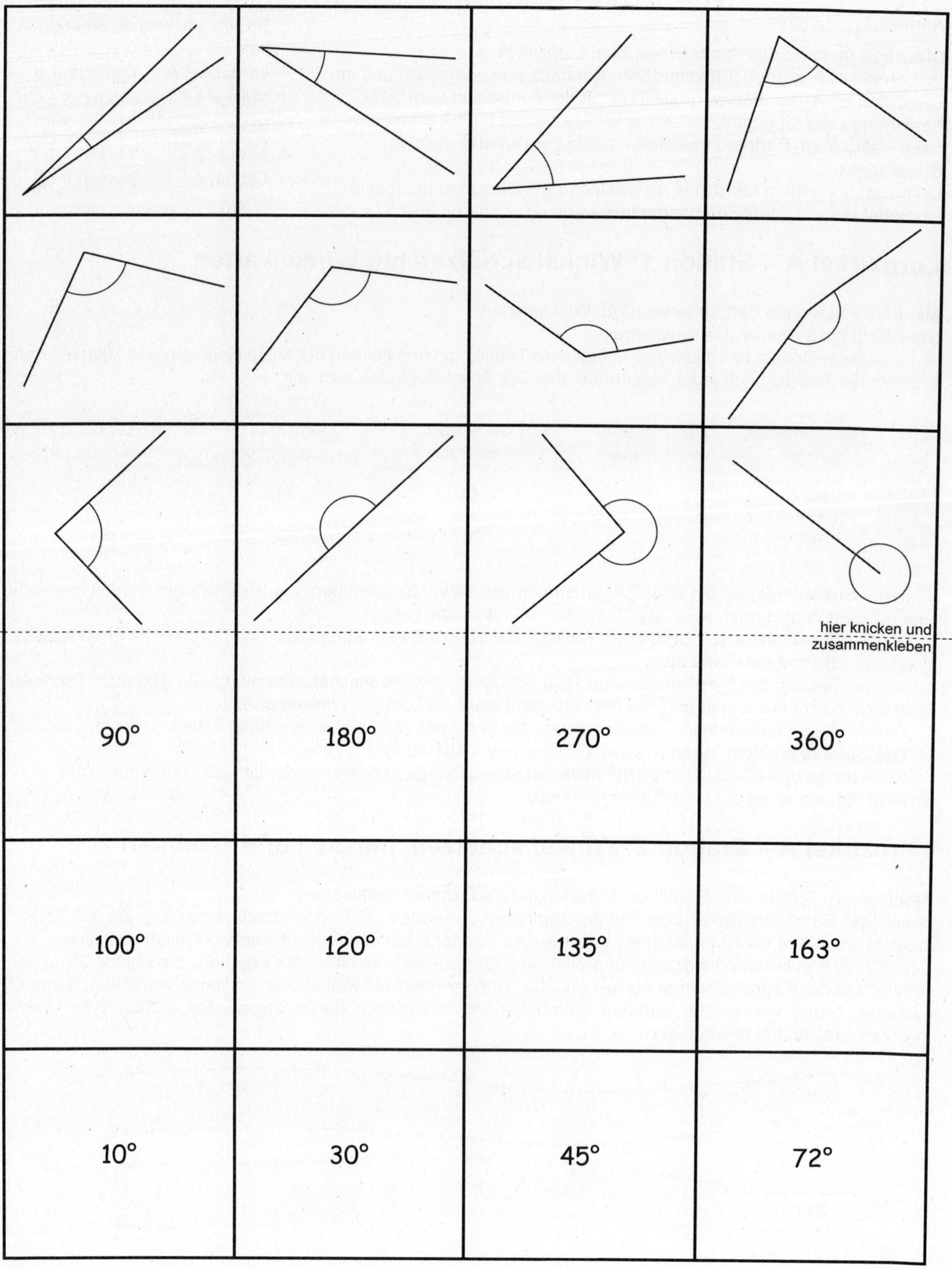

hier knicken und zusammenkleben

90°	180°	270°	360°
100°	120°	135°	163°
10°	30°	45°	72°

Lernzirkel A – Station 2: Partnerarbeitsblatt 1

Material: Geodreieck

Aufgaben für Partner 1

1)
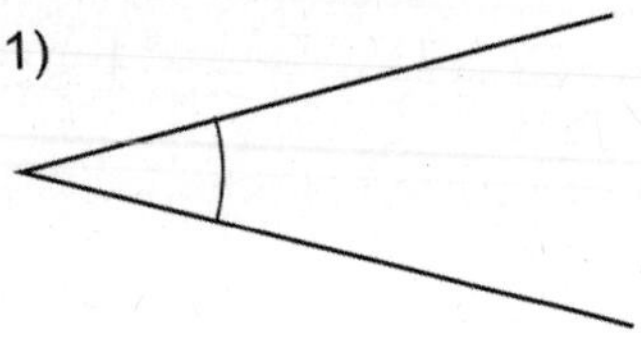

2)
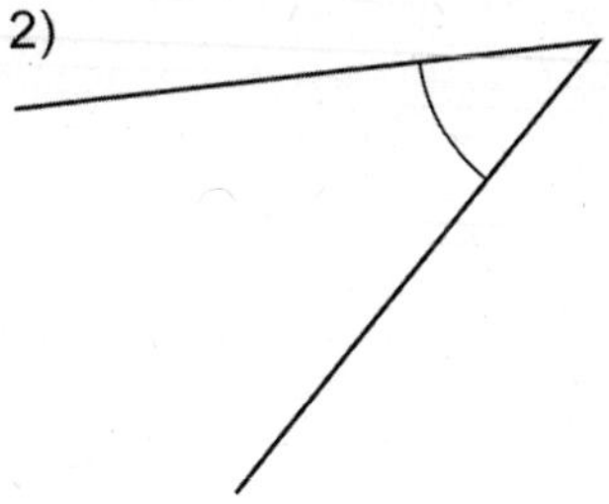

3)
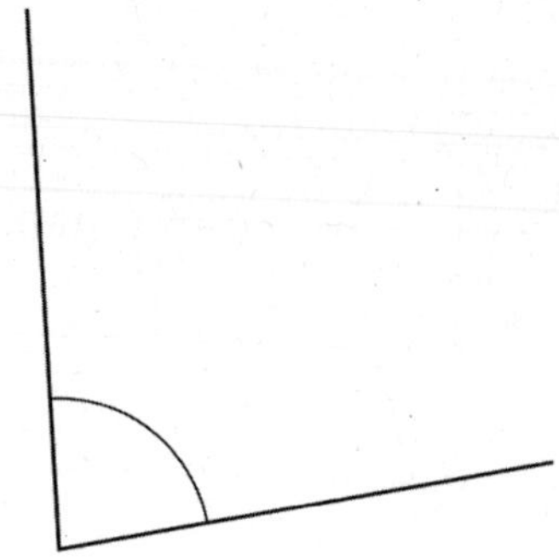

4)
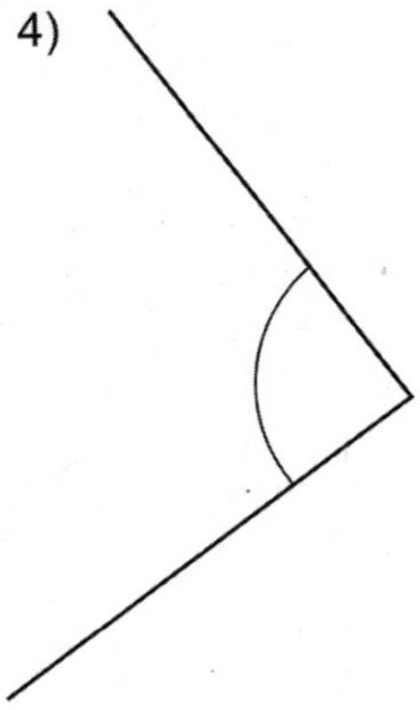

5)
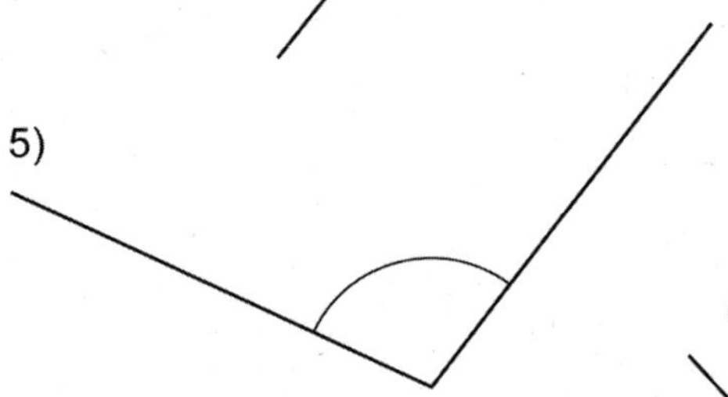

6)
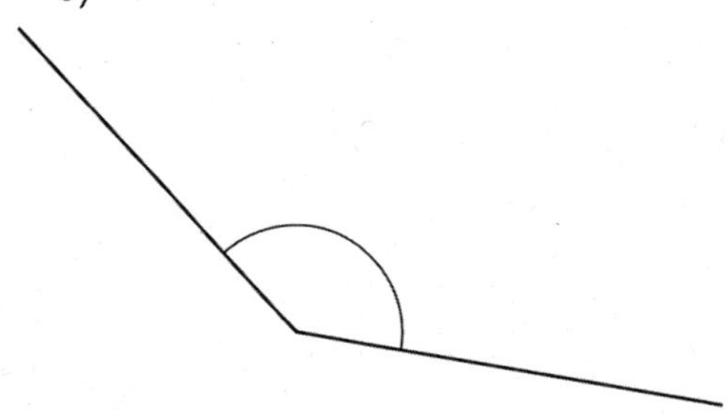

7)
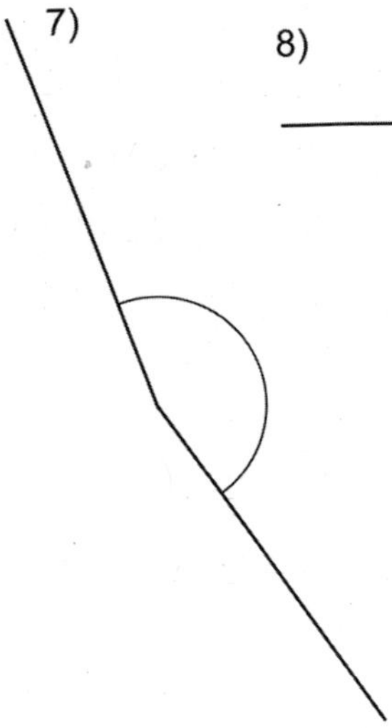

8)
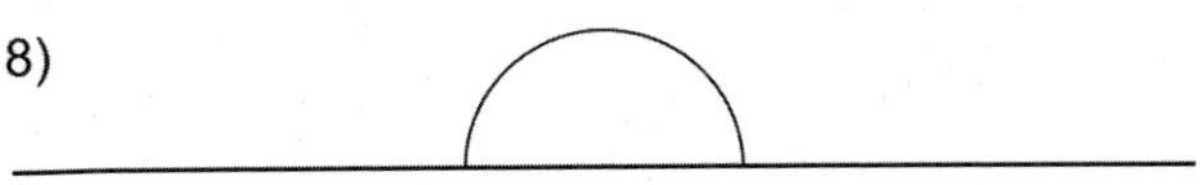

9)
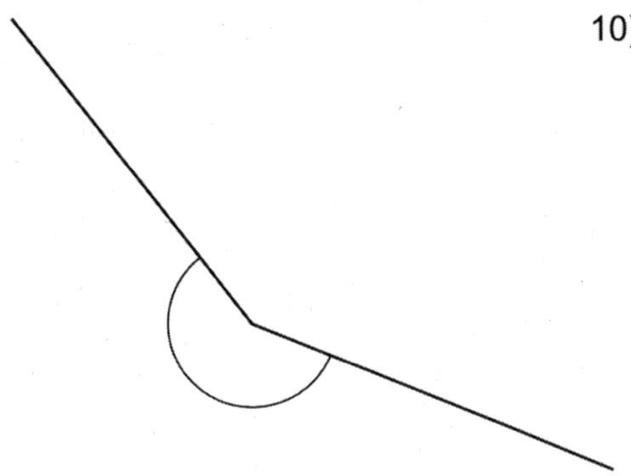

10)
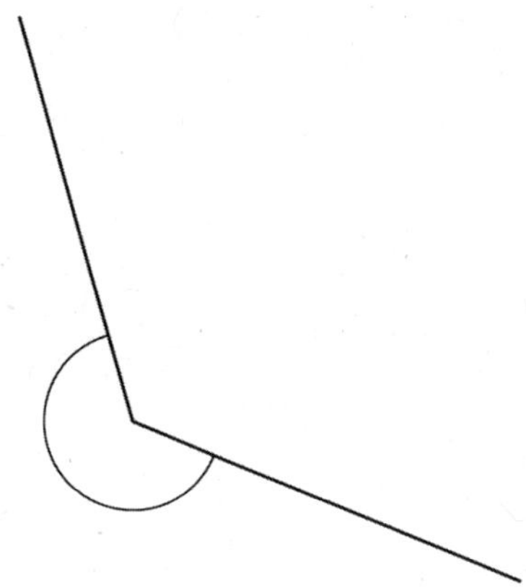

11)
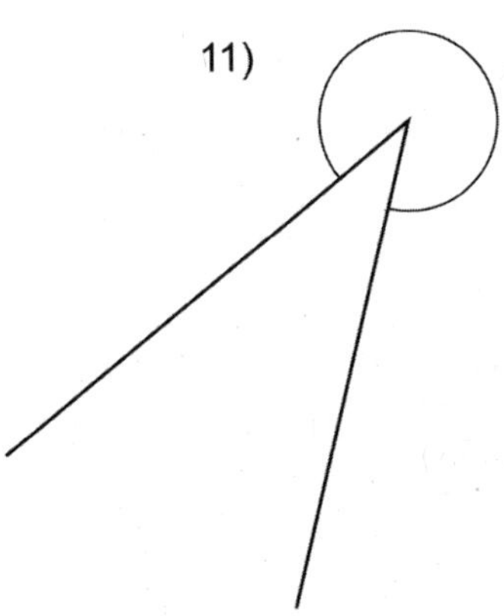

12)
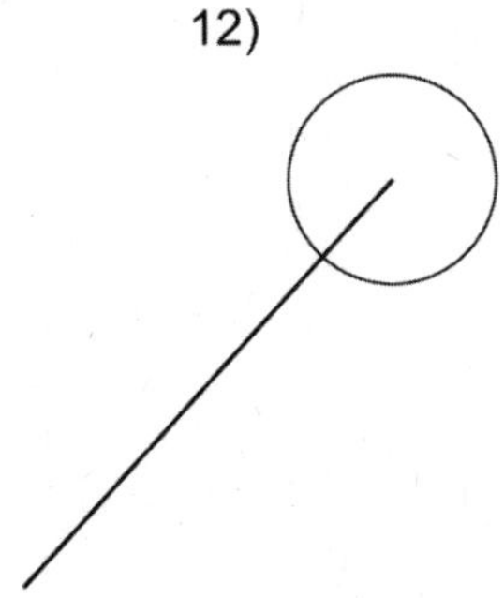

Lösungen von Partner 2

1) 20° – spitzer Winkel
2) 60° – spitzer Winkel
3) 73° – spitzer Winkel
4) 90° – rechter Winkel
5) 98° – stumpfer Winkel
6) 170° – stumpfer Winkel
7) 115° – stumpfer Winkel
8) 180° – gestreckter Winkel
9) 200° – überstumpfer Winkel
10) 224° – überstumpfer Winkel
11) 320° – überstumpfer Winkel
12) 360° – Vollwinkel

978-3-12-746462-7 Einblicke Mathematik 6, Serviceblätter

Ernst Klett Verlag GmbH, Stuttgart 2006

Lernzirkel A – Station 2: Partnerarbeitsblatt 2

Material: Geodreieck

Aufgaben für Partner 2

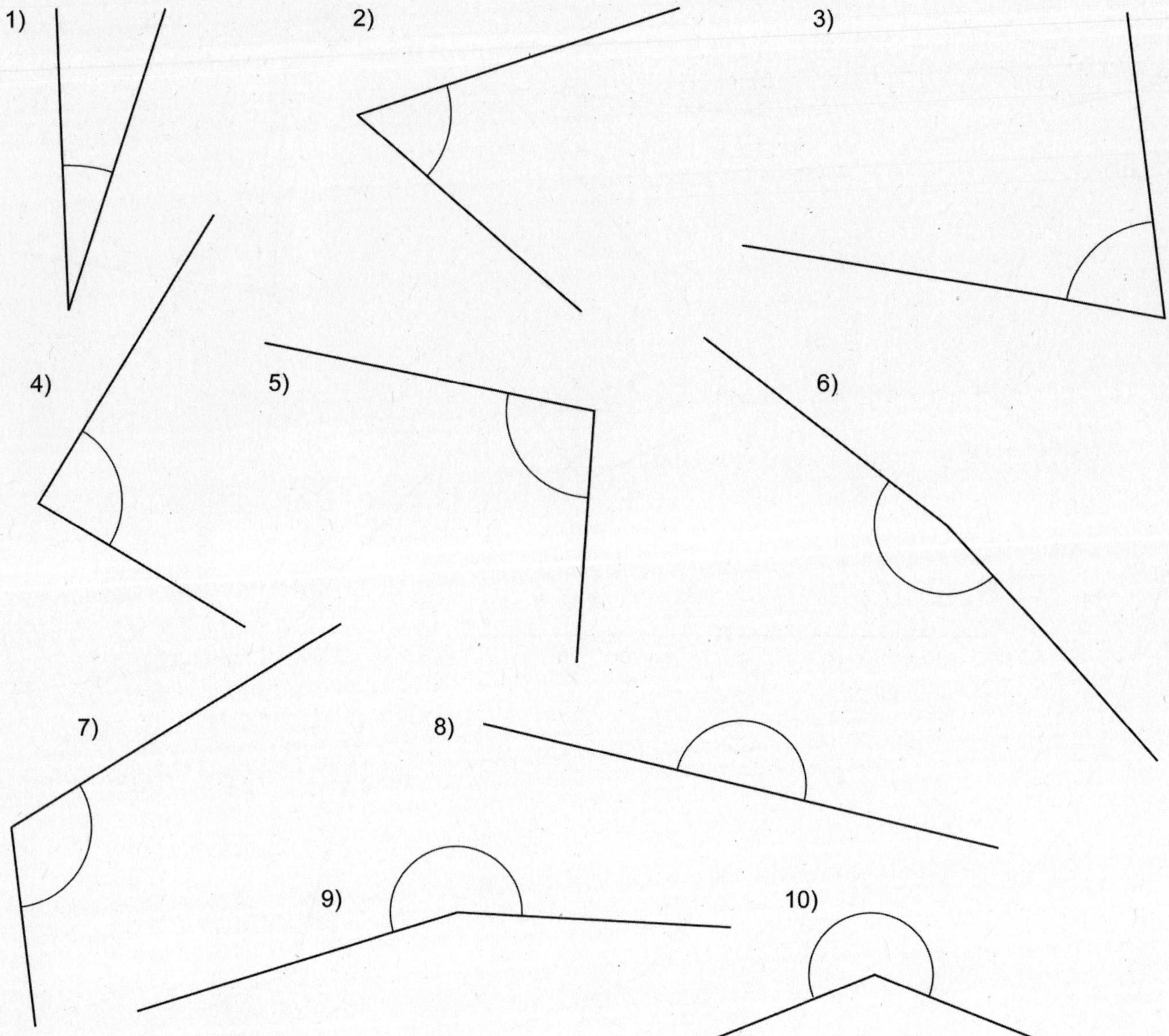

Lösungen von Partner 1

1) 30° – spitzer Winkel
2) 45° – spitzer Winkel
3) 83° – spitzer Winkel
4) 90° – rechter Winkel
5) 102° – stumpfer Winkel
6) 142° – stumpfer Winkel
7) 165° – stumpfer Winkel
8) 180° – gestreckter Winkel
9) 210° – überstumpfer Winkel
10) 232° – überstumpfer Winkel
11) 323° – überstumpfer Winkel
12) 360° – Vollwinkel

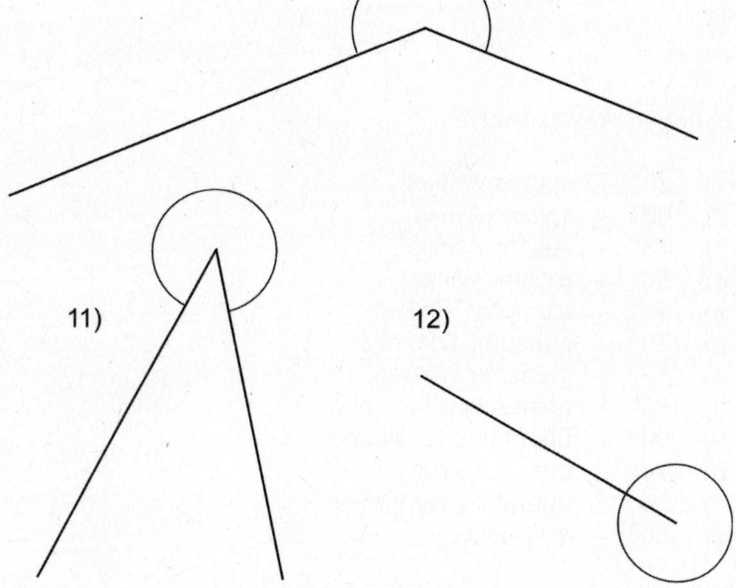

Lernzirkel A – Station 3: Winkelstübchen

Der erste Spieler zeichnet einen Winkel im Winkelstübchen ein. Beide Spieler schätzen nun die Größe des Winkels. Der zweite Spieler misst die Winkelgröße mit dem Geodreieck nach. Derjenige, der näher an der tatsächlichen Größe liegt, erhält einen Punkt. Dann wird gewechselt ...

Lernzirkel A – Station 4: Wo wohnt der Ebi?

Jeweils drei Winkel sind gleich groß. Miss die inneren Winkelgrößen mit dem Geodreieck nach. Verlängere die Schenkel mit dem Lineal. Trage die Buchstaben der Winkel zunächst in die Tabelle ein.

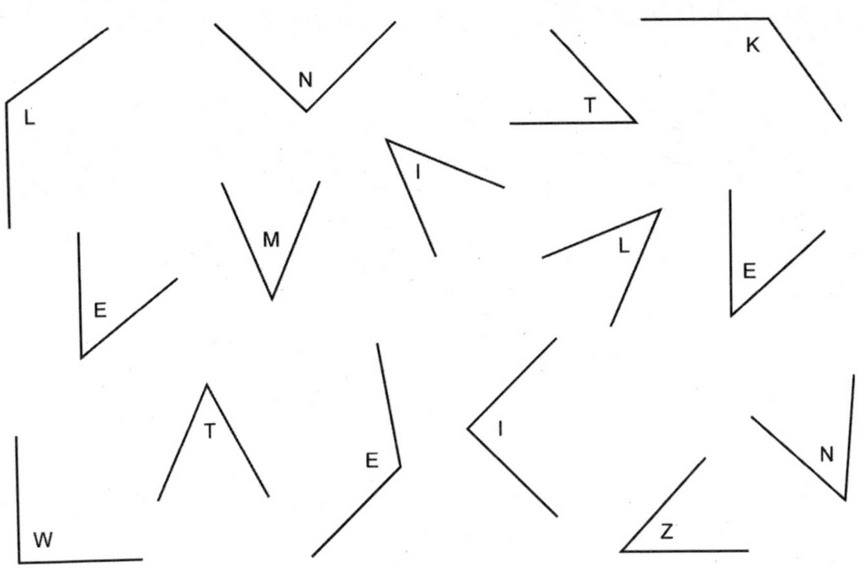

	Gleiche Winkel
45°	
48°	
52°	
90°	
125°	

Wenn du wissen möchtest, wo der Ebi wohnt, musst du die Buchstaben der Winkel in die richtige Reihenfolge bringen:

45°	48°	52°	90°	125°

Lernzirkel B – Station 5: Winkel zeichnen

Suche dir auch für diese Station einen Partner. Jeder von euch beiden wählt eine der Aufgaben 1 und 2:

1 Zeichne folgende Winkel. Wenn dir der Platz nicht reicht, zeichne die weiteren Winkel auf ein weißes Blatt:
(1) 30°; (2) 83°; (3) 45°; (4) 90°; (5) 102°; (6) 165°; (7) 180°; (8) 210°; (9) 255° und (10) 360°

2 Zeichne folgende Winkel. Wenn dir der Platz nicht reicht, zeichne die weiteren Winkel auf ein weißes Blatt:
(1) 360°; (2) 255°; (3) 210°; (4) 180°; (5) 165°; (6) 102°; (7) 90°; (8) 45°; (9) 83° und (10) 30°

Bitte deine Partnerin oder deinen Partner zu prüfen, ob deine Zeichnung richtig ist.

Lernzirkel B – Station 6: Welcher Anlegeplatz gehört zu welchem Schiff?

Im Hafenbecken herrscht ein heilloses Durcheinander. Die Schiffe haben sich im Sturm losgerissen und müssen nun wieder zu ihren Ankerplätzen zurück. Die Pfeile zeigen die momentane Fahrtrichtung (erster Schenkel) an, die Winkelangaben geben die nötige Richtungsänderung zum jeweiligen Anlegeplatz an. Bringe alle Schiffe sicher in den Hafen.

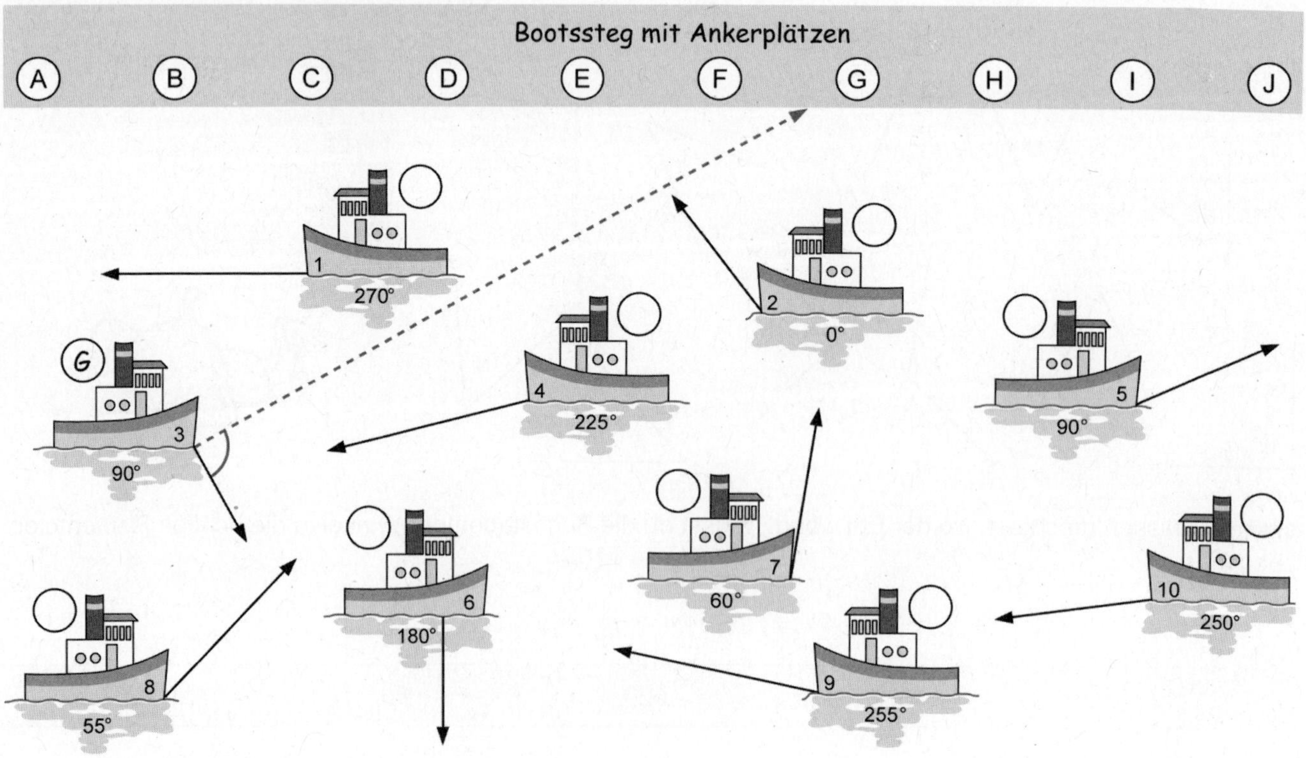

Lernzirkel B – Station 7: Himmelsrichtungen

Material: Geodreieck

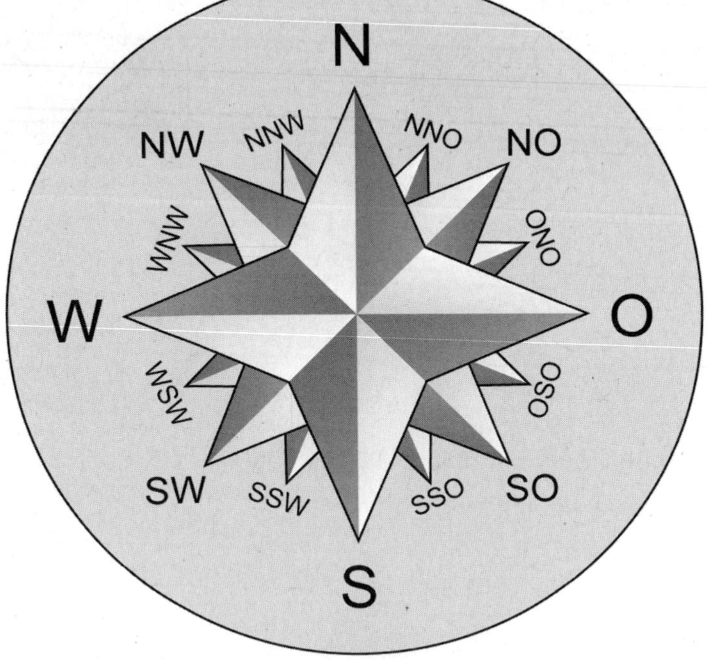

Ein Kompass zeigt Seefahrern, Piloten, aber auch Wanderern die Richtung an.

a) Schreibe zu jeder Himmelsrichtung die Gradzahl, wenn im Norden 0° liegt und im Osten 90°.

NO: ________; SO: ________

S: ________; SW: ________

W: ________; NW: ________

b) Kannst du auch für diese Windrichtungen die Gradzahlen bestimmen?

NNO: ________; OSO: ________

WNW: ________; NNW: ________

Lernzirkel B – Station 8: Wo befindet sich die Höhle?

Ute hat eine Höhle entdeckt. Sie beschreibt ihrer Freundin den Weg auf einem Zettel vom Steg aus.

a) Zeichne den Weg zur Höhle, dabei entspricht 10 m in Wirklichkeit 1 cm auf dem Papier.

b) Beschreibe den Weg zur Höhle einfacher.

(1) Gehe 20 m nach Osten.
(2) Drehe dich nach Nordosten und gehe 25 m.
(3) Gehe 25 m nach Osten.
(4) Gehe 50 m nach Süden.

Achsensymmetrie

1 Das Spiegelbild der Blumen im See zeigt fünf Fehler. Findest du sie?

2 Zeichne bei diesen Gegenständen die Symmetrieachsen ein.

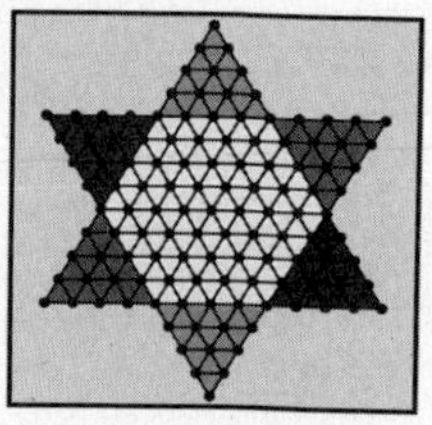

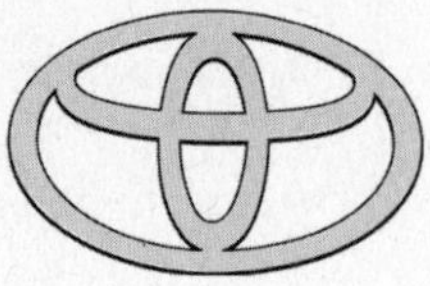

3 Ergänze die Figur zu einem achsensymmetrischen Blatt. Ein Spiegel hilft dir dabei.

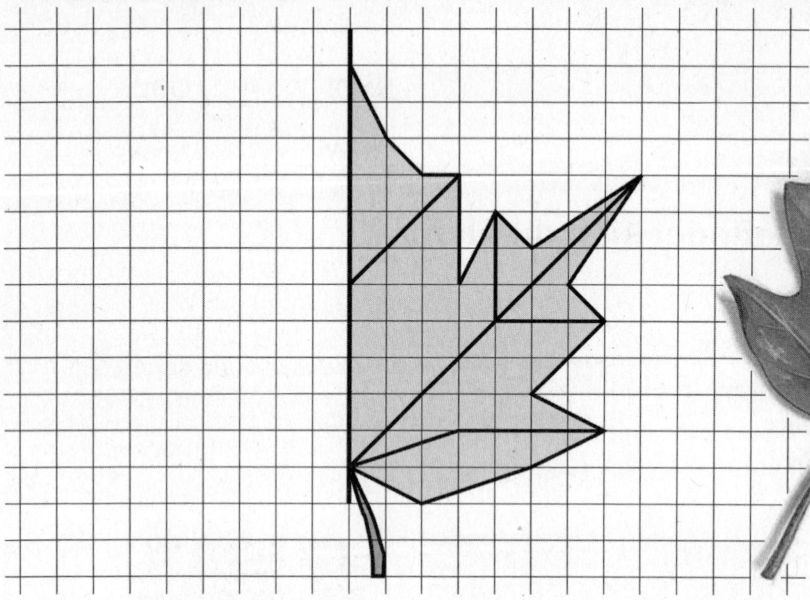

Ahornblatt

4 a) Welche Blütenbilder sind drehsymmetrisch?
b) Wie oft können die Blüten durch Drehung zur Deckung gebracht werden? Notiere alle möglichen Drehwinkel der drehsymmetrischen Figuren.

Buschwindröschen

Immergrün

5 a) Ergänze das Blütenblatt durch Drehung zu einer vollständigen Blüte. Die Blüte hat vier Blütenblätter.
b) Bestimme den Drehwinkel der Blüte.

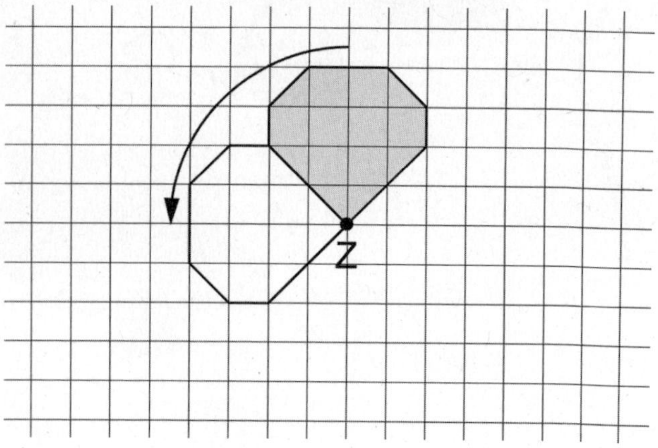

Ernst Klett Verlag GmbH, Stuttgart 2006

Bruchteile vom Kreis

Material: Schere

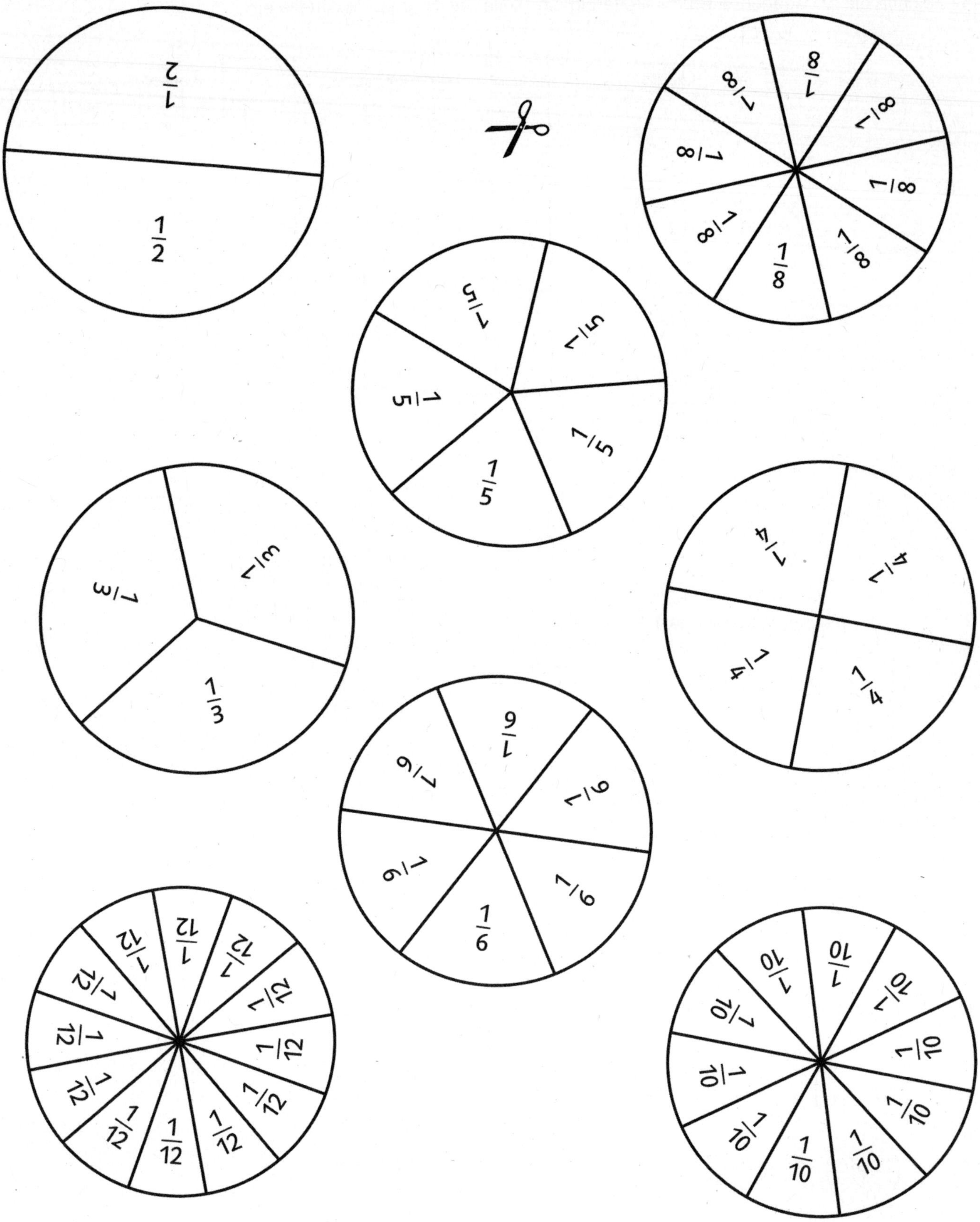

Darstellen von Brüchen

Material: Farbstift

1 Zeichne die angegebenen Bruchteile farbig ein. Teile bei d) selber in Anteile ein.

a) $\frac{1}{4}$	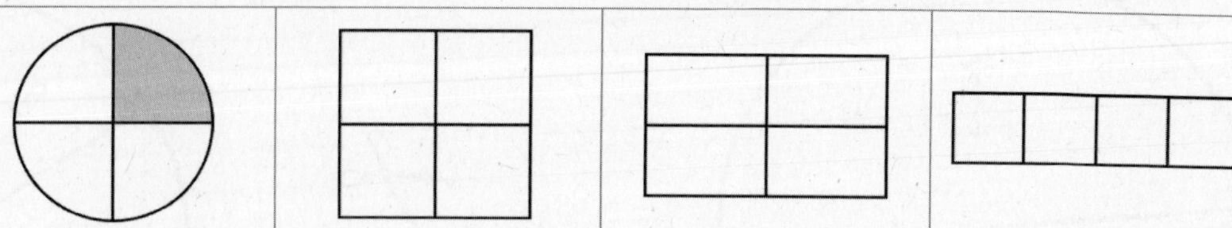
b) $\frac{1}{2}$	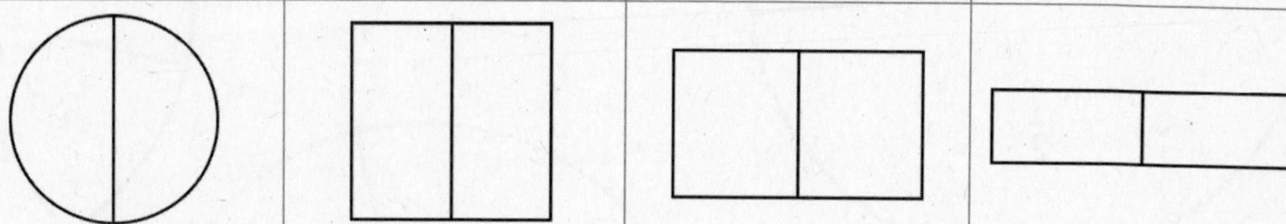
c) $\frac{1}{6}$	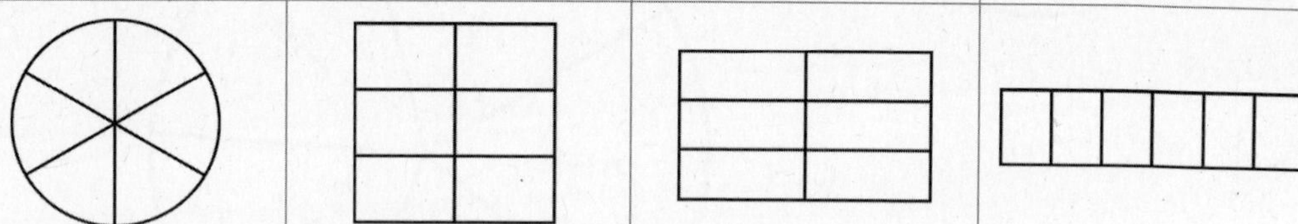
d) $\frac{3}{4}$	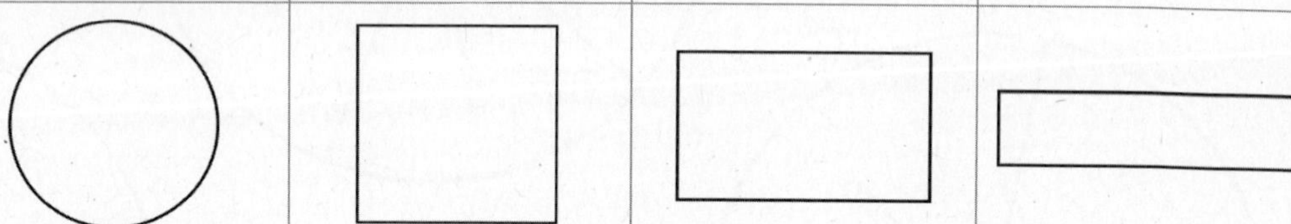

2 Kreuze an, welcher Bruch dargestellt ist.

	$\frac{1}{8}$	$\frac{3}{7}$	$\frac{2}{8}$	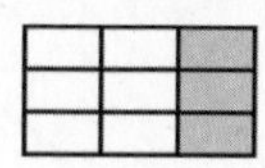	$\frac{3}{9}$	$\frac{2}{7}$	$\frac{3}{6}$
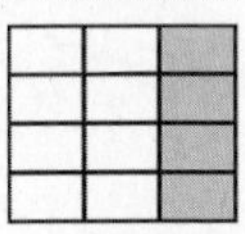	$\frac{1}{12}$	$\frac{1}{10}$	$\frac{4}{12}$	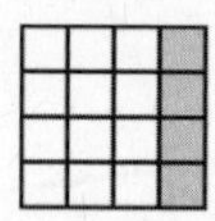	$\frac{3}{16}$	$\frac{4}{16}$	$\frac{2}{14}$
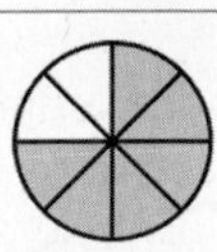	$\frac{3}{9}$	$\frac{5}{18}$	$\frac{6}{8}$	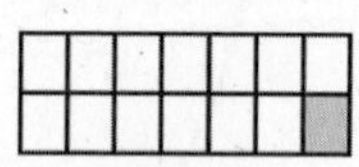	$\frac{1}{12}$	$\frac{1}{10}$	$\frac{1}{14}$
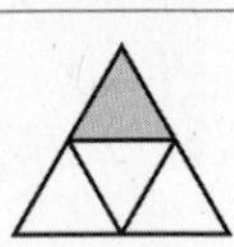	$\frac{1}{3}$	$\frac{1}{4}$	$\frac{1}{2}$		$\frac{4}{16}$	$\frac{3}{4}$	$\frac{2}{14}$
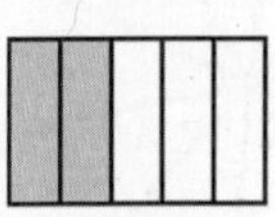	$\frac{2}{3}$	$\frac{1}{4}$	$\frac{2}{5}$	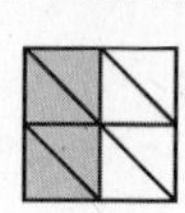	$\frac{3}{7}$	$\frac{2}{9}$	$\frac{4}{8}$
	$\frac{2}{12}$	$\frac{4}{16}$	$\frac{2}{16}$	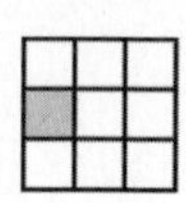	$\frac{3}{4}$	$\frac{1}{9}$	$\frac{2}{7}$

Brüche auf dem Zahlenstrahl

Brüche können auf einem Zahlenstrahl dargestellt werden:

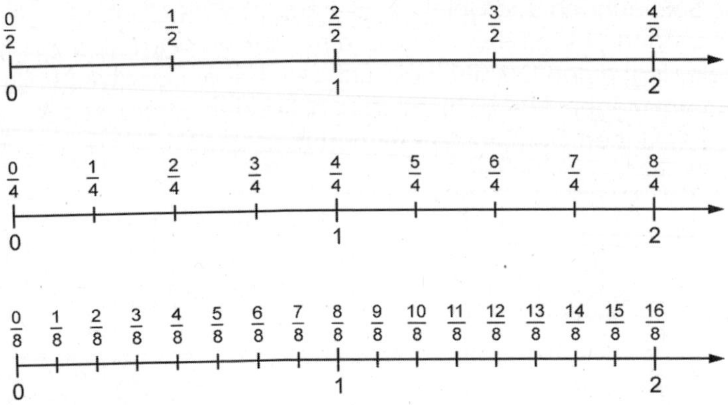

1 Beschrifte den Zahlenstrahl.

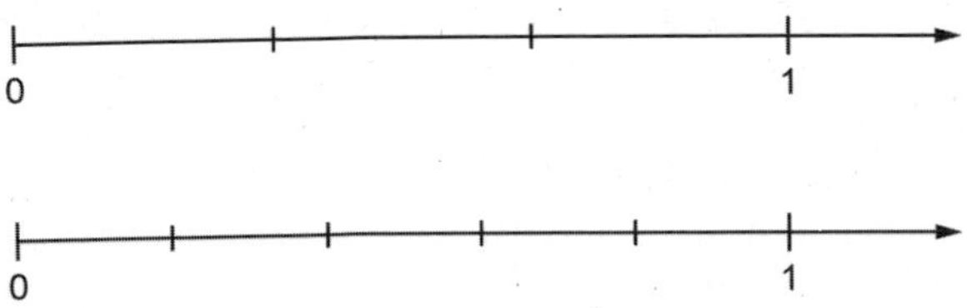

2 Beschrifte den Zahlenstrahl.

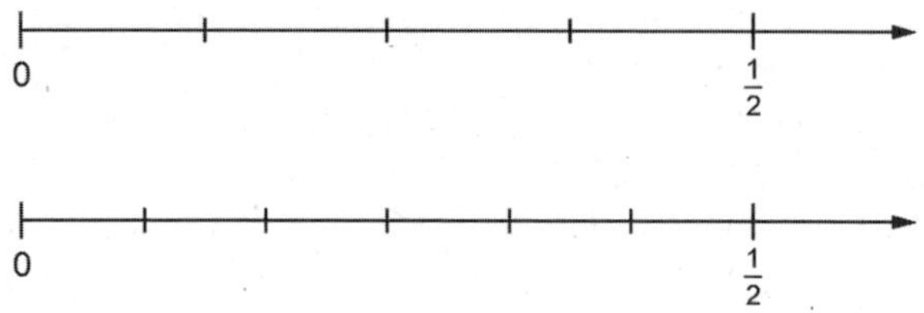

3 Trage die Brüche ein, die durch die Pfeile markiert sind.

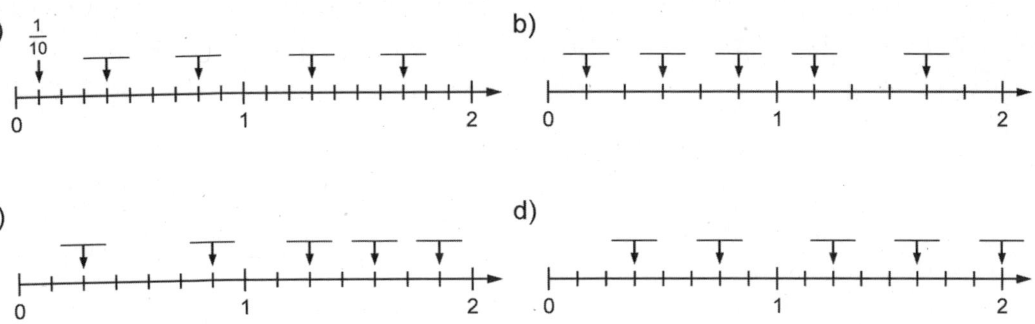

In wie viele gleich große Teile wird der Abschnitt von 0 bis 1 zerlegt?

4 Markiere den Bruch auf dem Zahlenstrahl durch einen Pfeil.

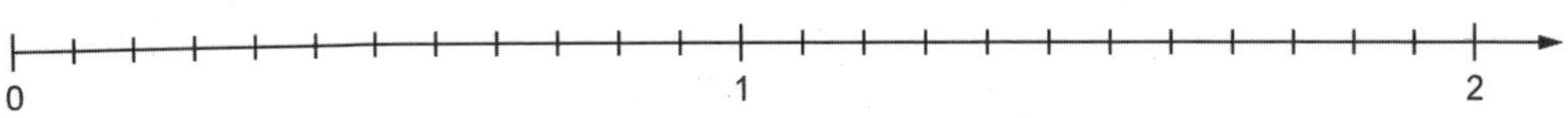

a) $\frac{1}{3}$ b) $\frac{1}{2}$ c) $\frac{1}{6}$ d) $\frac{1}{4}$ e) $\frac{3}{4}$ f) $\frac{7}{6}$ g) $\frac{24}{12}$ h) $1\frac{1}{2}$ i) $1\frac{5}{6}$

5 Markiere die Brüche auf dem Zahlenstrahl. Ordne nach der Größe.

a)

$\frac{1}{3}$; $\frac{1}{2}$; $\frac{3}{4}$; $\frac{4}{6}$ ____________________

b)

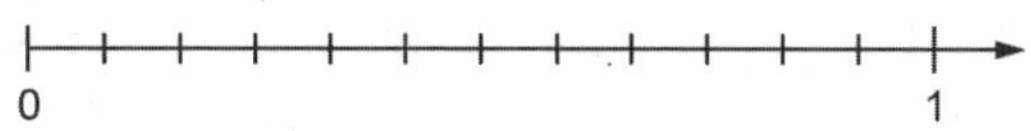

$\frac{2}{3}$; $\frac{5}{6}$; $\frac{7}{12}$; $\frac{1}{4}$ ____________________

978-3-12-746462-7 Einblicke Mathematik 6, Serviceblätter

Ernst Klett Verlag GmbH, Stuttgart 2006

Domino – Bruchteile

Material: Dominosteine, Schere

Spielbeschreibung: Bildet Gruppen mit drei oder vier Spielerinnen und Spielern. Schneidet eure Dominosteine entlang den dickeren Linien aus. Legt die Teile umgedreht auf den Tisch und mischt sie. Verteilt alle Dominosteine gleichmäßig unter euch. Der erste Spieler legt einen Dominostein auf den Tisch. Der zweite versucht, den passenden Bruchteil als Figur oder Zahl anzulegen. Hat er nicht den passenden Stein, ist der nächste Spieler an der Reihe. Gewonnen hat, wer zuerst keinen Dominostein mehr hat.

$\frac{5}{8}$	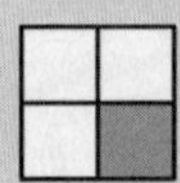	$\frac{1}{4}$	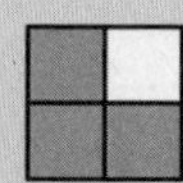	$\frac{3}{4}$	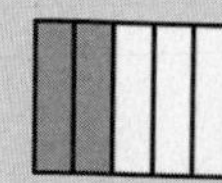
$\frac{2}{5}$	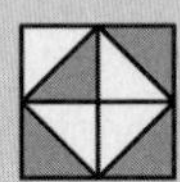	$\frac{4}{8}$		$\frac{3}{4}$	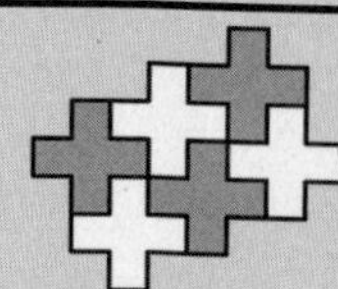
$\frac{3}{6}$		$\frac{2}{3}$	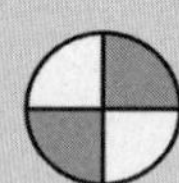	$\frac{2}{4}$	
$\frac{3}{6}$	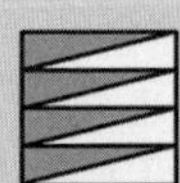	$\frac{4}{8}$	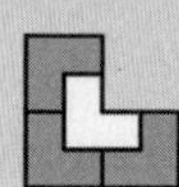	$\frac{3}{4}$	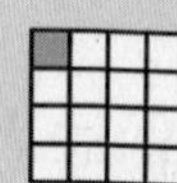
$\frac{1}{16}$		$\frac{2}{3}$	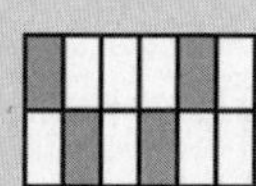	$\frac{4}{12}$	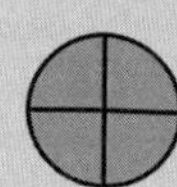
$\frac{4}{4}$	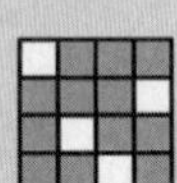	$\frac{12}{16}$		$\frac{3}{6}$	
$\frac{2}{4}$		$\frac{2}{4}$	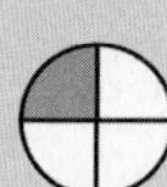	$\frac{1}{4}$	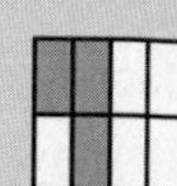
$\frac{3}{8}$	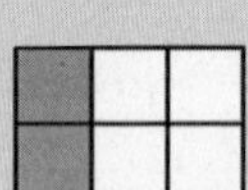	$\frac{2}{6}$	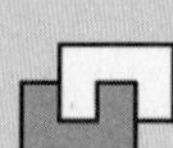	$\frac{1}{2}$	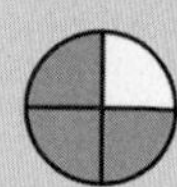
$\frac{3}{4}$	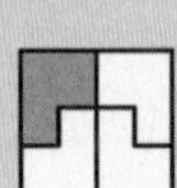	$\frac{1}{4}$	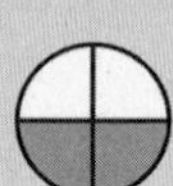	$\frac{1}{2}$	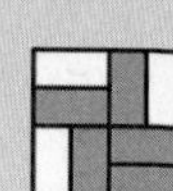

Übungen zur Bruchschreibweise

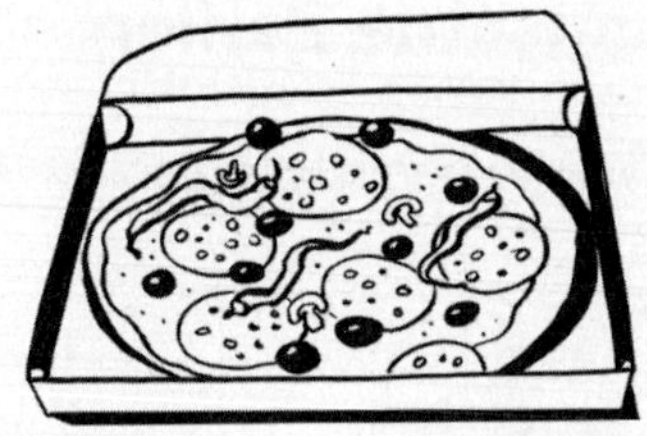

1 Eine Pizza wurde in 15 gleich große Stücke geteilt. Max verspeist sieben Stücke. Kreuze den Bruchteil an, den Max gegessen hat:

○ $\frac{15}{7}$ ○ $\frac{8}{15}$ ○ $\frac{7}{15}$

2 Drei Kuchen werden auf 24 Kinder aufgeteilt. Jedes Kind erhält dann:

○ $\frac{1}{24}$ ○ $\frac{1}{3}$ ○ $\frac{3}{24}$ Kreuze den richtigen Bruchteil an.

3 Kreuze an und vervollständige den richtigen Satz:

○ $\frac{30}{8}$ sind mehr als ein ganzer Kuchen, weil ______________________________

○ $\frac{30}{8}$ sind weniger als ein ganzer Kuchen, weil ______________________________

4 Ein Apfelkuchen wurde in 12 gleich große Stücke aufgeteilt. Ein Kirschkuchen in 16 Stücke. Max isst drei Stücke Apfel- und drei Stücke Kirschkuchen. Vervollständige die Sätze.

Er hat mehr ______________ gegessen, weil ______________________________.

Kathy isst drei Stücke Apfelkuchen. Erika isst fünf Stücke Apfelkuchen. ______________ hat mehr Kuchen gegessen, weil ______________________________. Wenn du die Bruchteile der verspeisten Kuchenmenge von Erika angeben willst, musst du die 5 in den ______________ schreiben.

5 $\frac{6}{11}$ oder $\frac{17}{5}$? Welche Bruchzahl bezeichnet mehr als ein Ganzes? Begründe.

____

6 a) Gib eine Bruchzahl mit dem Nenner 5 an, die

- kleiner als ein Ganzes ist: ______________
- genau ein Ganzes ist: ______________
- größer als ein Ganzes ist: ______________
- größer als zwei Ganze ist: ______________
- sich in die gemischte Schreibweise umwandeln lässt: ______________

b) Gib eine Bruchzahl mit dem Zähler 6 an, die

- kleiner als ein Ganzes ist: ______________
- genau ein Ganzes ist: ______________
- größer als ein Ganzes ist: ______________
- größer als zwei Ganze ist: ______________
- sich in die gemischte Schreibweise umwandeln lässt: ______________

7 a) Wie viel mehr sind $\frac{3}{2}$ Kuchen als ein ganzer Kuchen? ______________

b) Wie viel weniger sind $3\frac{1}{4}$ Tafeln Schokolade als vier Tafeln? ______________

c) Wie viele halbe (viertel) Pizzen kannst du aus vier ganzen Pizzen machen? ______________

978-3-12-746462-7 Einblicke Mathematik 6, Serviceblätter

Ernst Klett Verlag GmbH, Stuttgart 2006

Gemischte Zahlen

1 Welche gemischte Zahl ist dargestellt?

a)

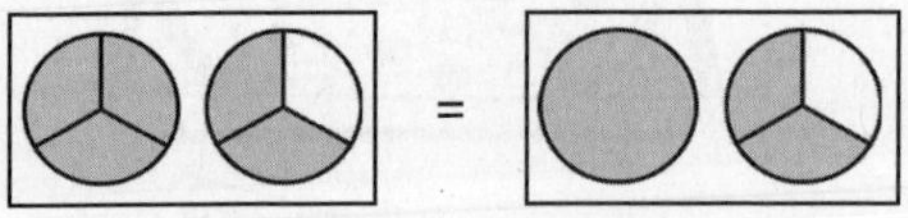

$\frac{3}{3} + \frac{2}{3}$ = $1\frac{2}{3}$

b)

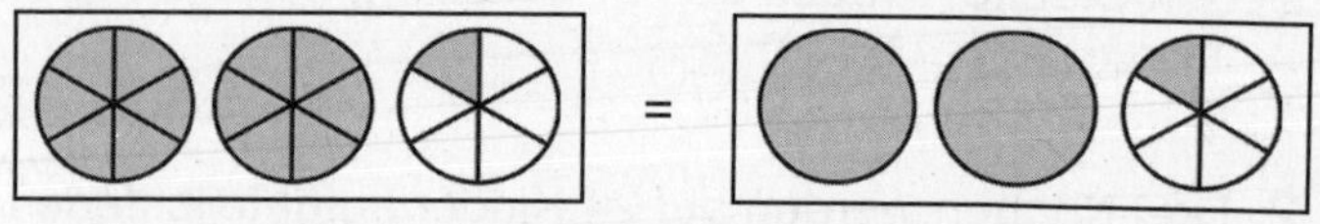

=

2 Schreibe als Bruch und als gemischte Zahl.

a)

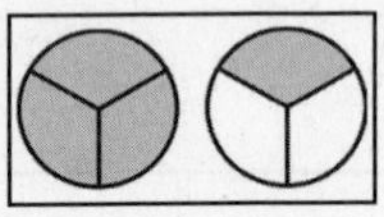

b)

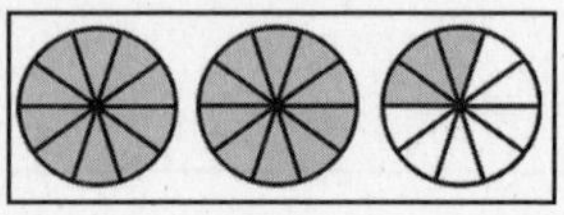

c)

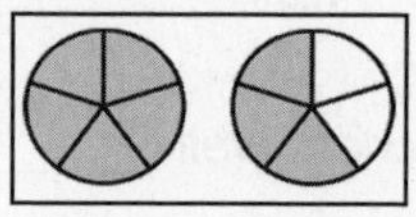

d)

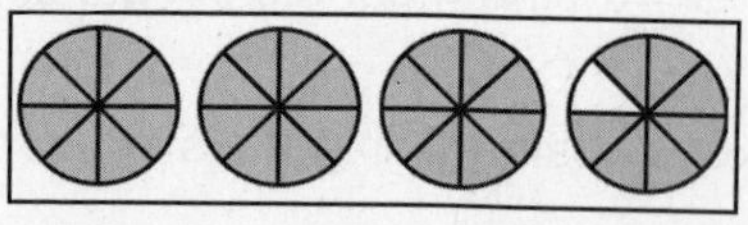

3 Schreibe als gemischte Zahl.

a) $\frac{8}{3}$ = $2 + \frac{2}{3}$ = ______ b) $\frac{5}{4}$ = ______ = ______

c) $\frac{8}{7}$ = ______ = ______ d) $\frac{11}{5}$ = ______ = ______

e) $\frac{12}{8}$ = ______ = ______ f) $\frac{19}{9}$ = ______ = ______

Beachte

$1 = \frac{1}{1} = \frac{2}{2} = \frac{3}{3} = \ldots$

$2 = \frac{2}{1} = \frac{4}{2} = \frac{6}{3} = \frac{8}{4} = \ldots$

$3 = \frac{3}{1} = \frac{6}{2} = \frac{9}{3} = \frac{12}{4} = \ldots$

Stimmt's? Lies die Zahlen von der Rückseite aus.

$1\frac{1}{7}$; $1\frac{1}{4}$; $1\frac{1}{3}$; $1\frac{4}{8}$; $1\frac{3}{5}$; $1\frac{2}{3}$; $2\frac{1}{9}$; $2\frac{1}{6}$; $2\frac{1}{5}$; $2\frac{3}{10}$; $2\frac{2}{3}$; $3\frac{7}{8}$;

4 Schreibe als Bruch.

a) $2\frac{3}{4}$ = $\frac{8}{4} + \frac{3}{4}$ = ______ b) $5\frac{5}{8}$ = ______ c) $3\frac{5}{11}$ = ______

d) $7\frac{8}{11}$ = ______ e) $9\frac{5}{15}$ = ______ f) $17\frac{3}{7}$ = ______

g) $11\frac{2}{3}$ = ______ h) $15\frac{5}{9}$ = ______ i) $8\frac{6}{11}$ = ______

5 Verwandle in Minuten.

a) $1\frac{1}{3}$ h = 60 min + ______

b) $2\frac{1}{4}$ h = ______

c) $\frac{5}{4}$ h = ______

Beachte

$1\frac{1}{2}$ h
= 60 min + 30 min
= 90 min

Spiel: Teiler und Vielfache (1)

Material: Schere

Suche dir zwei bis vier Mitspielerinnen und Mitspieler.
- Schneidet die 120 Karten aus. Mischt die Karten, verteilt sie gleichmäßig und legt sie offen vor euch hin.
- Wer die 2 hat, ruft „2“ aus und legt die Karten verdeckt vor sich hin. Alle anderen Spielerinnen und Spieler legen die Karten, auf denen eine gerade Zahl steht, verdeckt in die Mitte des Tischs.
- Wer die 3 hat, ruft sie aus und legt sie verdeckt vor sich hin. Alle Karten mit Zahlen, die ohne Rest durch 3 teilbar sind, werden verdeckt in die Mitte gelegt.
- Immer mit der kleinsten noch offenen Zahl geht es so lange weiter, bis alle Karten verdeckt sind.
- Wer am Ende die meisten verdeckten Karten besitzt, hat Glück gehabt.

2	22	42	62	82	102
3	23	43	63	83	103
4	24	44	64	84	104
5	25	45	65	85	105
6	26	46	66	86	106
7	27	47	67	87	107
8	28	48	68	88	108
9	29	49	69	89	109
10	30	50	70	90	110

978-3-12-746462-7 Einblicke Mathematik 6, Serviceblätter

Ernst Klett Verlag GmbH, Stuttgart 2006

Spiel: Teiler und Vielfache (2)

11	31	51	71	91	111
12	32	52	72	92	112
13	33	53	73	93	113
14	34	54	74	94	114
15	35	55	75	95	115
16	36	56	76	96	116
17	37	57	77	97	117
18	38	58	78	98	118
19	39	59	79	99	119
20	40	60	80	100	120
21	41	61	81	101	121

† Gruppenarbeit

Puzzle – Erweitern und Kürzen

Material: Schere

Schneide das Puzzle mit dem Bild aus. Lege jeweils einen Bruch des zerschnittenen Bildes auf einen gleichwertigen Bruch der oberen Karte. Hast du richtig gekürzt und erweitert, erhältst du viele Bälle.

$\frac{3}{12}$	$\frac{1}{3}$	$\frac{5}{25}$	$\frac{1}{6}$
$\frac{2}{14}$	$\frac{5}{45}$	$\frac{1}{2}$	$\frac{4}{32}$
$\frac{2}{3}$	$\frac{3}{4}$	$\frac{6}{27}$	$\frac{3}{8}$
$\frac{15}{24}$	$\frac{3}{5}$	$\frac{4}{9}$	$\frac{10}{25}$

$\frac{18}{30}$	$\frac{8}{12}$	$\frac{2}{5}$	$\frac{8}{18}$
$\frac{2}{9}$	$\frac{3}{18}$	$\frac{9}{24}$	$\frac{5}{8}$
$\frac{3}{9}$	$\frac{1}{7}$	$\frac{1}{4}$	$\frac{1}{9}$
$\frac{1}{8}$	$\frac{9}{12}$	$\frac{2}{4}$	$\frac{1}{5}$

15 min Einzelarbeit

Übungen zum Erweitern

1 a) Welche Brüche haben denselben Wert wie die folgenden Brüche? Die Skizze dient dir als Hilfe. Ergänze jede Reihe um ein weiteres Glied.

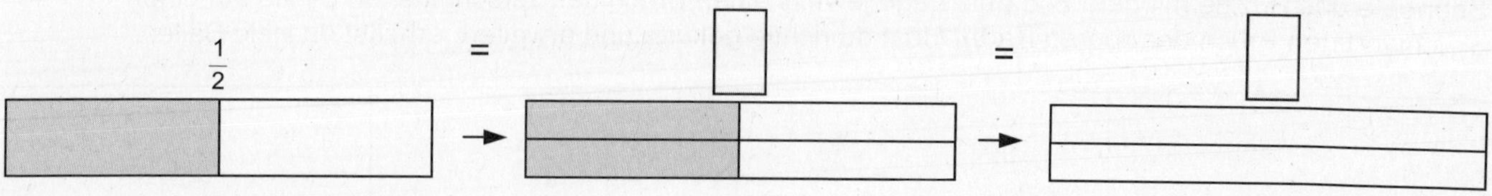

b)

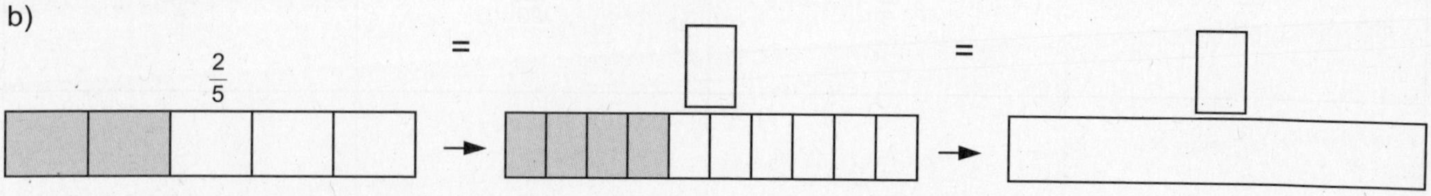

c) Wähle einen eigenen Bruch und gehe ebenso vor wie in Teilaufgabe a).

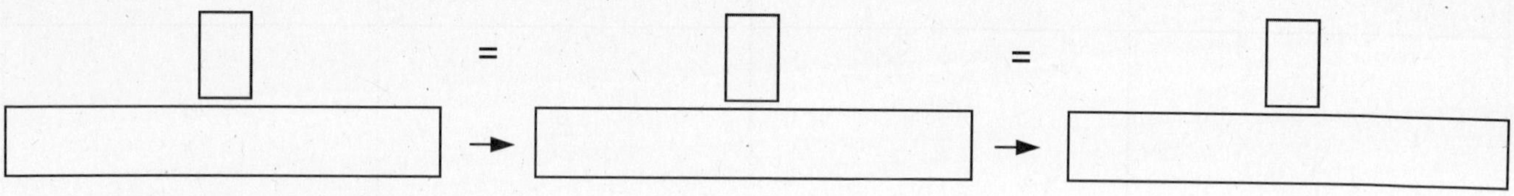

2 Ergänze die folgenden Sätze.

Bei $\frac{4}{10}$ nimmt man ____________ so viele Stücke wie bei $\frac{2}{5}$. Die Stücke sind aber ____________ so groß.

Deshalb ist $\frac{2}{5}$ ________________ wie $\frac{4}{10}$.

genau | das Gleiche | halb | größer | doppelt | kleiner

3 Ein Bruch passt nicht in die Reihe. Streiche ihn. Warum passt er nicht?

a) $\frac{3}{4}$; $\frac{15}{20}$; $\frac{6}{8}$; $\frac{6}{12}$; $\frac{30}{40}$ ________________________________

b) $\frac{1}{5}$; $\frac{3}{15}$; $\frac{5}{20}$; $\frac{2}{10}$; $\frac{7}{35}$ ________________________________

4 Richtig oder falsch? Du erhältst einen Lösungssatz.

	wahr	falsch
Beim Erweitern wird der Bruchteil größer.	Wahrheit	Vertrauen
Beim Erweitern werden die Stücke größer.	bleibt	ist
Beim Erweitern werden die Stücke kleiner.	gut,	besser
Beim Erweitern erhältst du mehr Stücke.	Kontrolle	als
Beim Erweitern wird der Zähler multipliziert und der Nenner bleibt gleich.	war	ist
Beim Erweitern bleibt der Bruchteil gleich groß.	besser.	am besten.

Lösungssatz: ____

Top Ten – Erweitern und Kürzen

Material: Uhr

Rechne von den folgenden Aufgaben so viele wie möglich und so richtig wie möglich. Du hast 10 Minuten Zeit. Bei „Null“ geht es los: „drei, zwei, eins, null.“

1. $\frac{8}{16} = \frac{\square}{2}$
2. $\frac{8}{16} = \frac{2}{\square}$
3. $\frac{8}{16} = \frac{\square}{8}$
4. $\frac{18}{30} = \frac{6}{\square}$
5. $\frac{18}{30} = \frac{\square}{5}$
6. $\frac{18}{30} = \frac{9}{\square}$
7. $\frac{7}{3} = \frac{42}{\square}$
8. $\frac{7}{3} = \frac{\square}{12}$
9. $\frac{7}{3} = \frac{\square}{33}$
10. $\frac{9}{12} = \frac{\square}{24}$
11. $\frac{9}{12} = \frac{3}{\square}$
12. $\frac{9}{12} = \frac{\square}{4}$
13. $\frac{3}{6} = \frac{\square}{2}$
14. $\frac{3}{6} = \frac{21}{\square}$
15. $\frac{3}{6} = \frac{6}{\square}$
16. $\frac{36}{48} = \frac{\square}{8}$
17. $\frac{36}{48} = \frac{3}{\square}$
18. $\frac{36}{48} = \frac{\square}{12}$
19. $\frac{5}{8} = \frac{10}{\square}$
20. $\frac{5}{8} = \frac{\square}{32}$
21. $\frac{5}{8} = \frac{\square}{24}$
22. $\frac{1}{2} = \frac{\square}{14}$
23. $\frac{1}{2} = \frac{3}{\square}$
24. $\frac{1}{2} = \frac{2}{\square}$
25. $\frac{2}{3} = \frac{6}{\square}$
26. $\frac{2}{3} = \frac{\square}{6}$
27. $\frac{2}{3} = \frac{12}{\square}$
28. $\frac{1}{10} = \frac{2}{\square}$
29. $\frac{1}{10} = \frac{3}{\square}$
30. $\frac{1}{10} = \frac{\square}{40}$
31. $\frac{20}{100} = \frac{\square}{20}$
32. $\frac{20}{100} = \frac{1}{\square}$
33. $\frac{20}{100} = \frac{\square}{10}$
34. $\frac{20}{24} = \frac{\square}{6}$
35. $\frac{20}{24} = \frac{\square}{48}$
36. $\frac{20}{24} = \frac{\square}{12}$
37. $\frac{3}{2} = \frac{\square}{6}$
38. $\frac{3}{2} = \frac{6}{\square}$
39. $\frac{3}{2} = \frac{\square}{8}$
40. $\frac{2}{11} = \frac{\square}{22}$
41. $\frac{2}{11} = \frac{6}{\square}$
42. $\frac{2}{11} = \frac{8}{\square}$
43. $\frac{4}{6} = \frac{2}{\square}$
44. $\frac{4}{6} = \frac{\square}{18}$
45. $\frac{4}{6} = \frac{\square}{12}$
46. $\frac{2}{6} = \frac{\square}{3}$
47. $\frac{2}{6} = \frac{\square}{12}$
48. $\frac{2}{6} = \frac{6}{\square}$
49. $\frac{4}{3} = \frac{8}{\square}$
50. $\frac{4}{3} = \frac{12}{\square}$
51. $\frac{4}{3} = \frac{16}{\square}$
52. $\frac{5}{4} = \frac{10}{\square}$
53. $\frac{5}{4} = \frac{\square}{16}$
54. $\frac{5}{4} = \frac{25}{\square}$
55. $\frac{5}{4} = \frac{250}{\square}$

Wer von euch die meisten Aufgaben richtig gerechnet hat, ist der heutige König Bruch oder die Königin Bruch.

10 min   Einzelarbeit

Spiel – Bruchgerüst

Material: dieses Spielfeld, zwei Würfel, verschiedenfarbige Spielsteine

Sucht euch zwei oder drei Mitspielerinnen und Mitspieler. Setzt eure Spielsteine auf das Startfeld. Es wird reihum gewürfelt. Mithilfe der Augenzahlen beider Würfel werden Brüche gebildet, z. B. aus den Augenzahlen 4 und 2 bildet man entweder $\frac{2}{4} = \frac{1}{2}$ oder $\frac{4}{2} = 2$. Entspricht der Wert dieses Bruches dem Bruch in einem Nachbarkästchen, das über **eine** Leiter erreichbar ist, so darf der Spieler oder die Spielerin dort hinklettern. Falls nicht, muss man aussetzen. Wer zuerst am Ziel ist, hat gewonnen.

Brüche vergleichen

Bei Karins Geburtstag blieb eine ganze Menge Kuchen übrig.

Obstkuchen: $\frac{5}{12}$ Himbeerkuchen, $\frac{7}{12}$ Kirschkuchen

Cremetorten: $\frac{3}{4}$ Schokocremetorte, $\frac{5}{8}$ Walnusstorte

Sahnetorten: $\frac{1}{2}$ Käsesahnetorte, $\frac{3}{4}$ Pfirsichtorte, $\frac{2}{3}$ Mokkatorte

1 Suche dir einen Partner. Legt die Bruchteile mit euren Kreisteilen. Begründet eure Antworten.

a) Von welchem Obstkuchen blieb mehr übrig? ____________________

b) Von welcher Cremetorte blieb mehr übrig? ____________________

c) Warum ist Frage a) leichter zu beantworten als Frage b)? ____________________

____

d) Erklärt mithilfe der unten abgebildeten Kreise, warum $\frac{3}{4}$ größer ist als $\frac{5}{8}$.

Zeichnet und färbt dazu die Kreisteile ein.

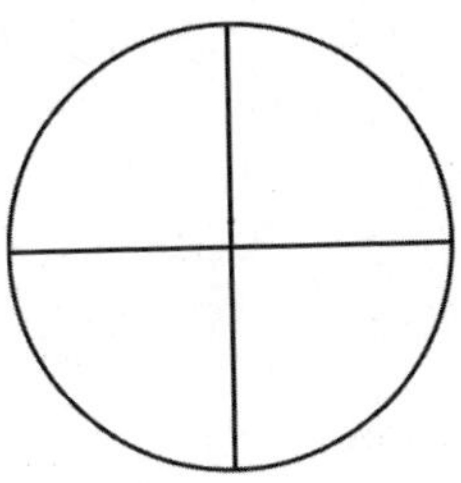

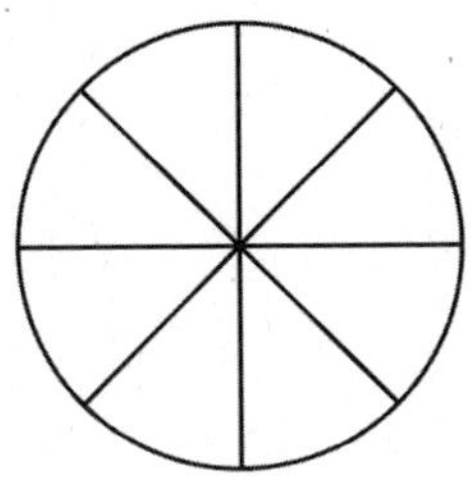

2 a) Von welcher Sahnetorte ist am meisten übrig, von welcher am wenigsten?

____

b) Welche der drei Bruchteile der Sahnetorten kann man (ohne Kreisteile) leicht vergleichen?

____

c) Ersetzt die Viertel- und Drittelstücke durch Zwölftelstücke. Zeichnet und färbt.
Erklärt, warum $\frac{3}{4}$ größer ist als $\frac{2}{3}$.

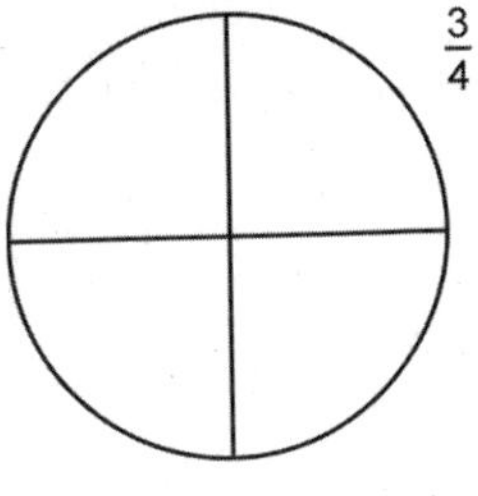

$\frac{3}{4}$

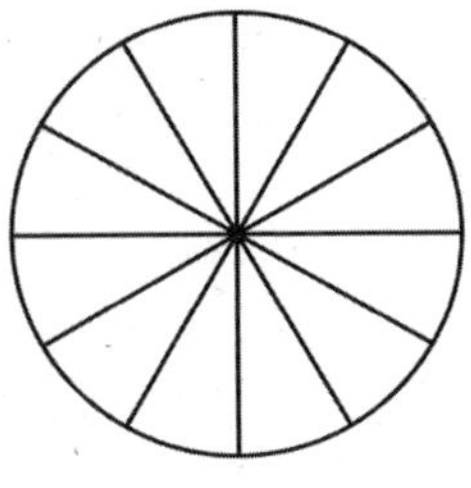

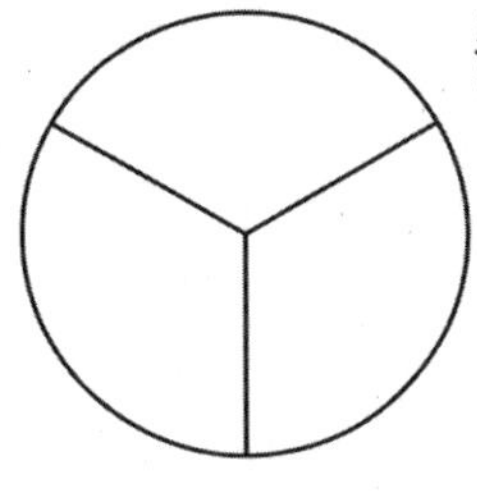

$\frac{2}{3}$

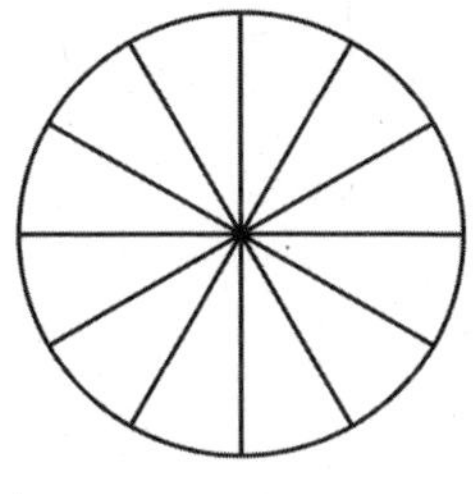

____

____

978-3-12-746462-7 Einblicke Mathematik 6, Serviceblätter

Ernst Klett Verlag GmbH, Stuttgart 2006

Brüche ordnen – Verschlüsselte Botschaft

Material: Schere

1 a) Suche dir einen Partner oder eine Partnerin. Schneidet die Kärtchen mit den Buchstaben auf hellgrauem Hintergrund entlang der dicken Linien aus.

Sortiert die Brüche nach der Größe. Ihr erhaltet eine Lösung: _ _ _ _ _ _ _ _ _ _.

$\frac{5}{4}$	$\frac{1}{2}$	$\frac{3}{6}$
e	S	e

$\frac{6}{4}$	$\frac{4}{5}$	$\frac{3}{16}$	$\frac{1}{8}$	$\frac{4}{6}$	$\frac{1}{4}$
t	r	o	T	c	p

b) Wie lautet die Lösung, wenn ihr die Kärtchen mit den Buchstaben auf dunklem Hintergrund sortiert?

_ _ _ _ _ _ _ _ _ _ _ _ _ _.

$\frac{5}{2}$	$\frac{35}{30}$	$\frac{2}{14}$	$\frac{1}{2}$	$\frac{6}{2}$	$\frac{3}{4}$	$\frac{40}{30}$
o	i	e	i	n	m	s
$\frac{1}{8}$	$\frac{1}{3}$	$\frac{8}{6}$	$\frac{3}{12}$	$\frac{25}{25}$	$\frac{5}{3}$	$\frac{9}{10}$
G	e	s	h	M	i	e

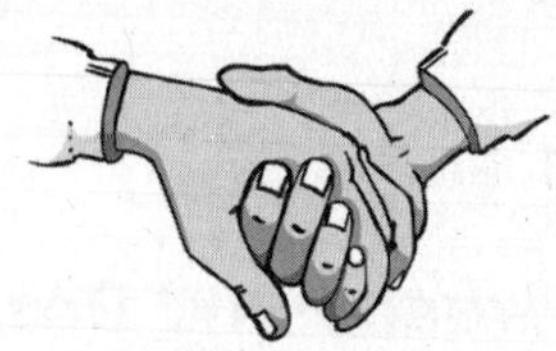

Brüche und Dezimalzahlen – Partnerarbeitsblatt 1

1 a) Schreibe die angegebenen Maße mithilfe einer Dezimalzahl an das Maßband.

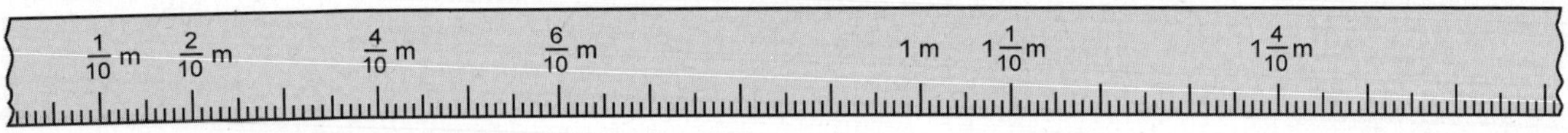

b) Schreibe die angegebenen Maße mithilfe eines Bruchs an das Maßband.

2 a) Welche Längen sind markiert? Notiere. ______________________________

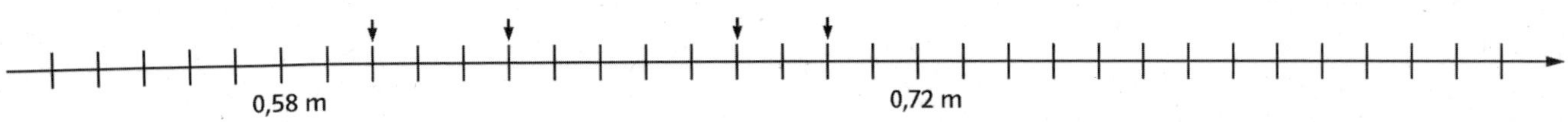

b) Schreibe alle sechs am Zahlenstrahl eingetragenen Dezimalzahlen als Brüche.

_______ = _______; _______ = _______; _______ = _______

_______ = _______; _______ = _______; _______ = _______

c) Welcher Bruch ist um 3 cm größer als 0,6 m? Notiere ihn als Dezimalzahl und als Bruch. Gib den Größenunterschied in beiden Schreibweisen an.

____

____

3 Vervollständige die Tabelle.

Dezimalzahl	Gemischte Zahl	In zwei Maßeinheiten
1,9 m		
	$1\frac{9}{100}$ m	
		2€ 8 ct
3,004 kg		
		7 dm 8 cm

4 a) Welche Bedeutung hat die erste Stelle nach dem Komma? ______________________________

b) Welche Bedeutung hat die zweite Stelle nach dem Komma? ______________________________

c) An welcher Stelle stehen bei Dezimalzahlen die Tausendstel? ______________________________

Brüche und Dezimalzahlen – Partnerarbeitsblatt 2

1 a) Schreibe die angegebenen Maße mithilfe einer gemischten Zahl an das Maßband.

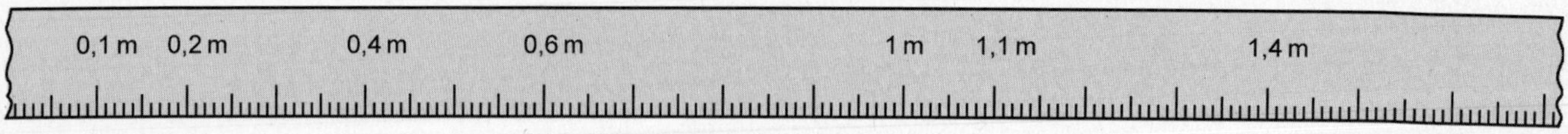

b) Schreibe die angegebenen Maße mithilfe einer Dezimalzahl an das Maßband.

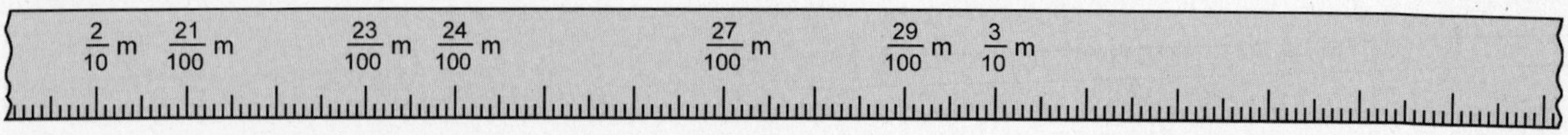

2 a) Beschrifte den Zahlenstrahl mit 0,6 m; 0,63 m; 0,68 m und 0,7 m.

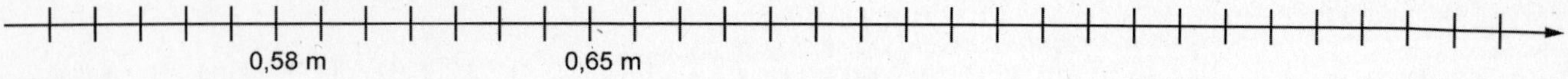

b) Schreibe alle sechs am Zahlenstrahl eingetragenen Dezimalzahlen als Brüche.

______ = ______; ______ = ______; ______ = ______

______ = ______; ______ = ______; ______ = ______

c) Um wie viel ist 0,63 m größer als 0,6 m?
Gib das Ergebnis als Dezimalzahl, als gemischte Zahl und in Zentimeter an.

3 Vervollständige die Tabelle.

Dezimalzahl	Gemischte Zahl	In zwei Maßeinheiten
	$1\frac{9}{10}$ m	
		1 m 9 cm
2,08 €		
	$3\frac{4}{1000}$ kg	
7,8 dm		

4 a) An welcher Stelle nach dem Komma stehen die Zehntel? ______

b) An welcher Stelle nach dem Komma stehen die Hundertstel? ______

c) Welche Bedeutung hat die dritte Stelle nach dem Komma? ______

Flächeninhalt des Rechtecks

1 Zerlege das Rechteck in Streifen und jeden Streifen in cm^2. Bestimme dann den Flächeninhalt A.

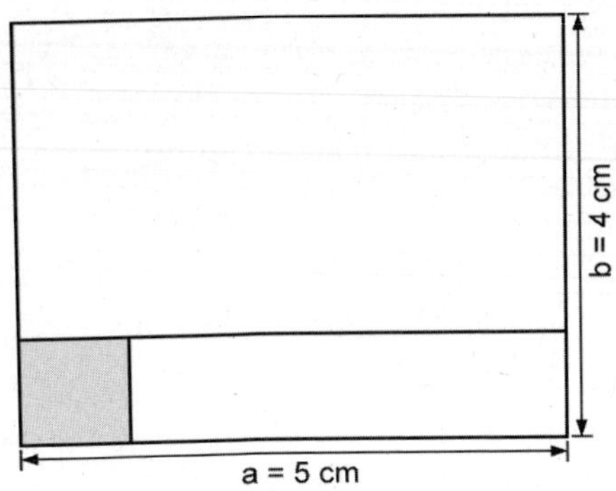

2 Miss die Seitenlängen der Rechtecke und berechne die Flächeninhalte wie im Beispiel.

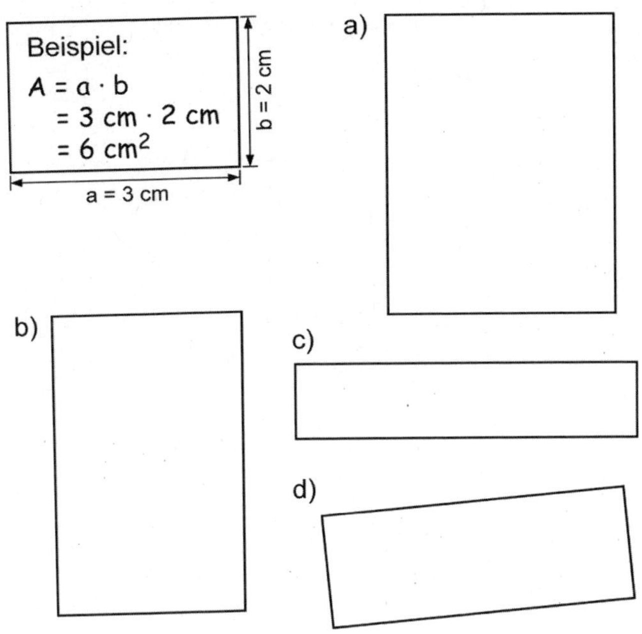

3 Fülle die Tabelle aus. Beachte die Maßeinheiten.

	Länge a	Breite b	Flächeninhalt A
a)	6 cm	7 cm	
b)	3,5 m	4 m	
c)	0,8 m	30 cm	
d)		4 cm	2,8 cm^2
e)	20 cm		6 dm^2

4 Fülle das Kreuzzahlrätsel aus.

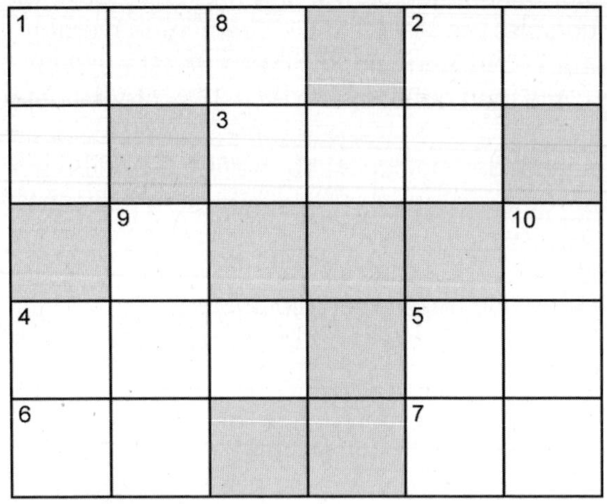

Waagerecht
1. a = 14 dm; b = 11 dm; A = ☐ dm^2
2. a = 0,9 cm; b = 70 cm; A = ☐ cm^2.
3. a = 40 cm; b = 20 cm; A = ☐ cm^2
4. a = 45 cm; b = 4 cm; A = ☐ cm^2
5. a = 0,8 m; A = 13,6 m^2; b = ☐ m
6. a = 10 cm; b = 9 cm; A = ☐ cm^2
7. a = 5 m ; b = 11 m; A = ☐ m^2

Senkrecht
1. b = 12 m; A = 132 m^2; a = ☐ m
2. b = 50 cm; A = 3000 cm^2; a = ☐ cm
4. a = 3 cm; A = 57 cm^2; b = ☐
5. b = 9 cm; A = 135 cm^2; a = ☐ cm
8. a = 40 cm; b = 1,2 cm; A = ☐ cm^2
9. a = 70 cm; b = 4 cm; A = ☐ cm^2
10. a = 2,5 m; b = 70 m; A = ☐ m^2

5 Stell dir vor, du sollst einer Mitschülerin oder einem Mitschüler erklären, wie man den Flächeninhalt eines Rechtecks berechnet. Was würdest du sagen? Versuche dich genau auszudrücken.

978-3-12-746462-7 Einblicke Mathematik 6, Serviceblätter

Ernst Klett Verlag GmbH, Stuttgart 2006

Flächeninhalt und Umfang des Rechtecks

1 Sergej und Lisa streichen den Zaun eines rechteckigen Gartens. Pro Meter bekommen sie von ihren Eltern 1,50 €. Als sie fertig sind, überlegen sie, wie viel Geld sie bekommen werden. Sie wissen, dass der Garten 15 m lang und 35 m breit ist. Aber leider haben sie vergessen, wie man den Umfang eines Rechtecks berechnet.

a) Du kannst den beiden sicher helfen. Schreibe auf, wie es geht. Formuliere möglichst genau.

____

b) Wie viel Geld bekommen die beiden?

____

2 Berechne die fehlenden Größen.

a)
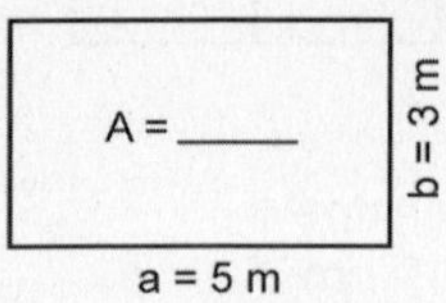

b)
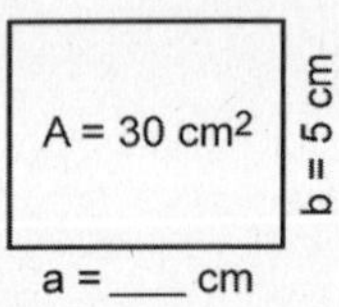

c)
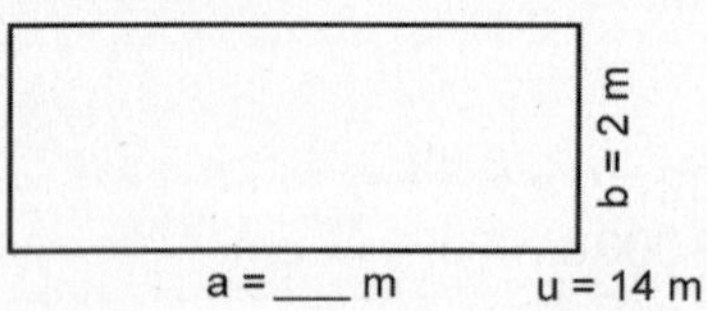

Rechteck	d)	e)	f)	g)	h)	i)	j)
Länge a	30 cm	18 dm		1,8 m	0,6 km	$\frac{1}{2}$ cm	$\frac{1}{4}$ cm
Breite b	1,5 cm	9 dm	2,5 dm				$\frac{3}{4}$ cm
Umfang u					2,4 km	1 cm	
Flächeninhalt A			12,5 dm²	12,6 m²			

3 Du hast einen 2,4 dm langen Bindfaden und sollst damit ein Rechteck legen. Welche Seitenlängen (nur ganzzahlige Zentimeter) kann das Rechteck haben? Findest du alle sechs Lösungen?

__________ __________ __________

__________ __________ __________

4 Die Meerschweinchen der Familie Rodi bekommen einen 40 dm² großen rechteckigen Auslauf.

a) Welche Seitenmaße kann der Auslauf haben (nur ganzzahlige dm)?

____

____

b) Bei welchen Maßen wird am wenigsten Maschendrahtzaun benötigt?

____

____

____

978-3-12-746462-7 Einblicke Mathematik 6, Serviceblätter

Wohnen in Zelt und Haus – Flächeninhalt

1 Das Steilwandzelt „Familiennest" wirbt damit, dass eine Familie mit zwei Kindern fast 50 m² Platz hat. Überprüfe die Aussage. Wandle die Maßeinheiten um, wenn nötig.

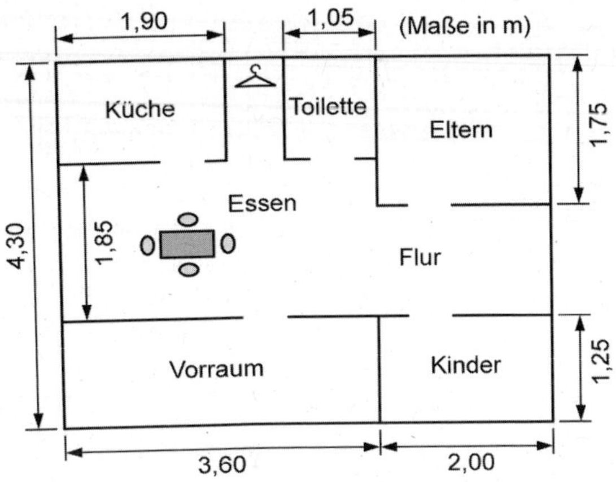

	Länge	Breite	Flächeninhalt
Gesamtfläche			
Küche			
Toilette			
Vorraum			
Eltern			
Kinder			
Essen/Flur			

2 Wohnen im Haus. Berechne mit dem angegebenen Maßstab die Wohnfläche der einzelnen Zimmer und die Gesamtwohnfläche.

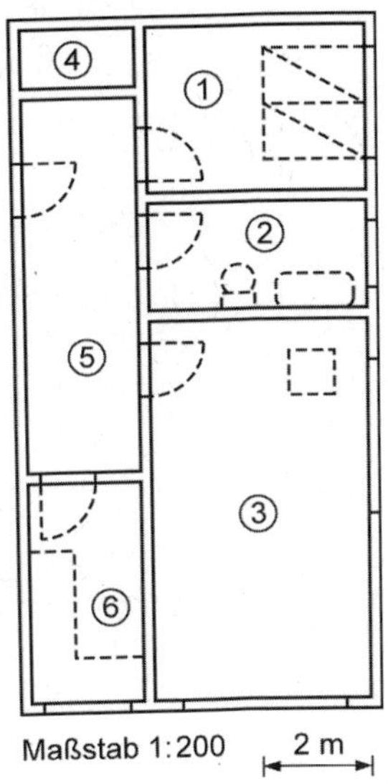

① Schlafzimmer: ______

② WC: ______

③ Wohnzimmer: ______

④ Abstellkammer: ______

⑤ Flur: ______

⑥ Küche: ______

Gesamtwohnfläche: ______

3 Schafe leben am liebsten draußen:
Ein 84 m langes und 48 m breites Stück Weideland soll eingezäunt werden.
a) Wie viel Meter Draht werden benötigt, wenn der Draht doppelt gespannt wird?

______

b) Im Abstand von 2 Metern steht jeweils ein Pfosten. Wie viele Pfosten werden gebraucht?

______

______

4 Ein Schäfer hat 22 Absperrgitter, mit denen er einen rechteckigen Zaun um seine Schafherde ziehen kann. Eines Tages muss er die doppelte Anzahl von Schafen hüten. Er nimmt zwei Teile dazu und hat plötzlich doppelt so viel Platz.
Wie kann das sein?

Lege den Zaun mit Zahnstochern oder Streichhölzern nach.

978-3-12-746462-7 Einblicke Mathematik 6, Serviceblätter

Ernst Klett Verlag GmbH, Stuttgart 2006

Puzzle – Raumeinheiten

Material: Schere, Puzzleteile

Die unteren Puzzleteile werden ausgeschnitten. Legt man dann die passenden Puzzleteile auf die obere Karte (z. B. 3000 dm³ auf 3 m³), so ergibt sich ein Bild.

3 m³	3000 cm³	0,3 cm³	30 m³	3000 mm³
7 m³	70 m³	70 dm³	7000 cm³	70 000 dm³
8 cm³	8 dm³	80 dm³	8000 cm³	800 cm³
5 m³	50 m³	50 dm³	5000 mm³	5000 cm³
6 cm³	0,6 cm³	6000 mm³	6000 dm³	60 m³

600 mm³	70 000 cm³	8 dm³	6 m³	50 000 dm³
5 dm³	5 cm³	8000 mm³	80 000 cm³	3 dm³
6000 mm³	5000 dm³	60 000 dm³	8000 cm³	6 cm³
7000 dm³	70 m³	300 mm³	3 cm³	7 dm³
0,8 dm³	70 000 dm³	3000 dm³	50 000 cm³	30 000 dm³

Rauminhalt des Quaders

1 Berechne den Rauminhalt des Quaders schrittweise.

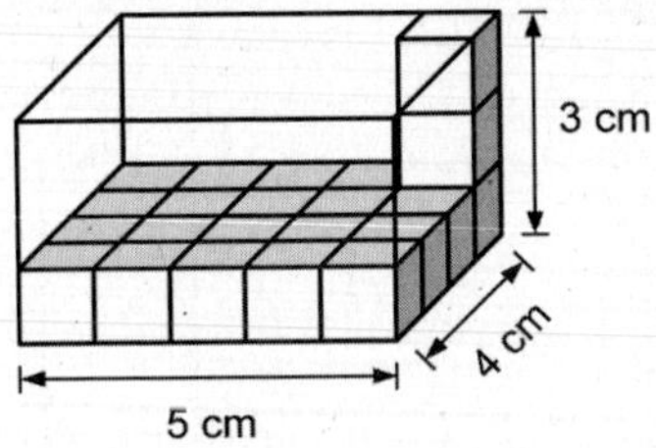

Rauminhalt einer Schicht: ______________ cm^3

Anzahl der Schichten: ______________

Rauminhalt des Quaders: ______________

2 Berechne die Rauminhalte der Quader.
(Ein Würfel entspricht $1\,cm^3$.)

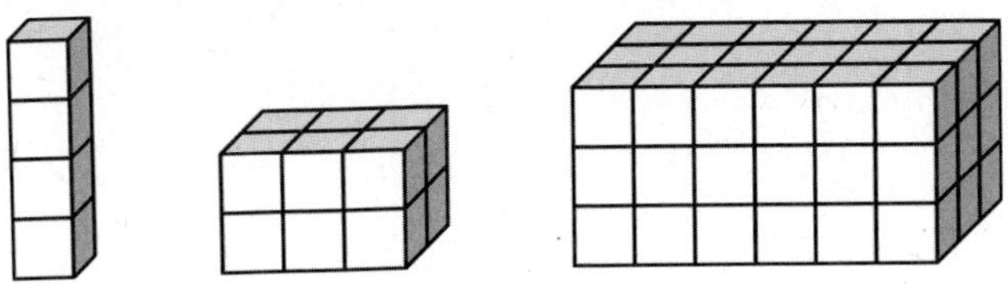

__________ __________ __________

3 Auf einer Palette stehen Getränkekisten mit je 12 Flaschen.
a) Wie viele Kästen stehen auf der Palette?

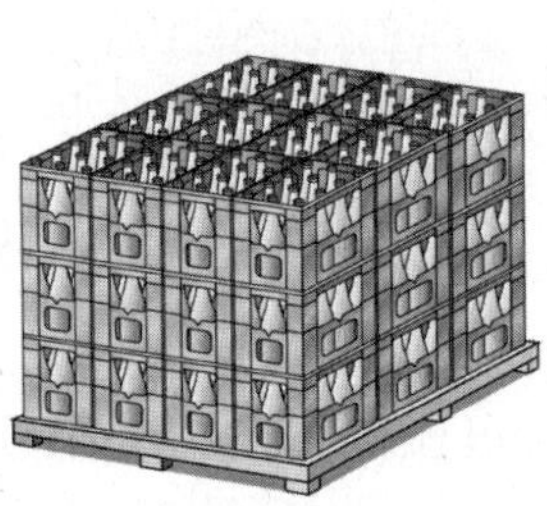

____

b) Berechne die Anzahl der Flaschen auf der Palette.

____

4 Berechne die Rauminhalte im Heft.
a) Wie groß ist der Rauminhalt einer Schicht mit der Höhe 1 cm?
b) Wie viele Schichten passen aufeinander?
c) Gib den Rauminhalt des Quaders an.

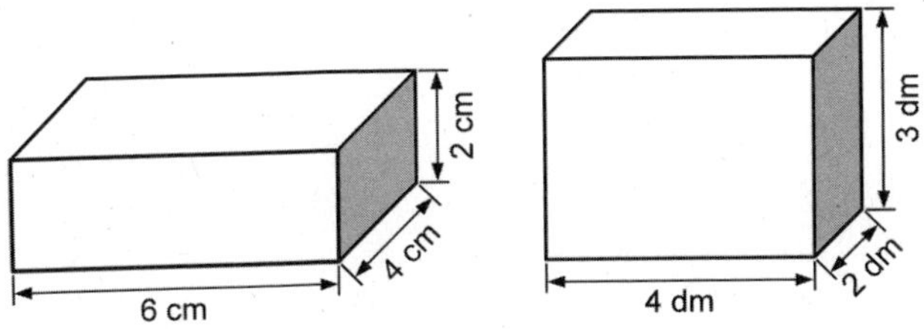

5 Bestimme den Rauminhalt der Quader.

a)

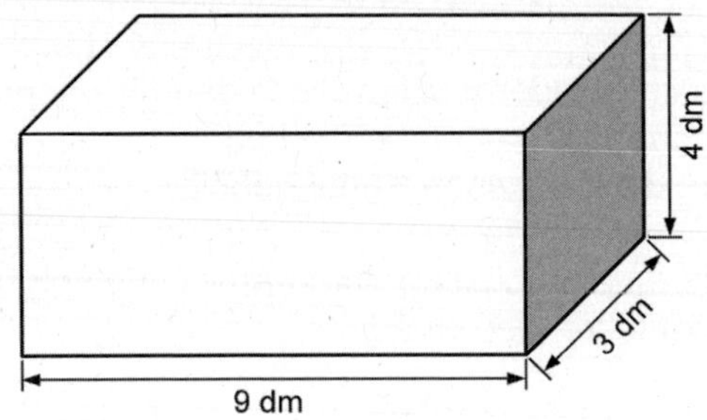

____

b)

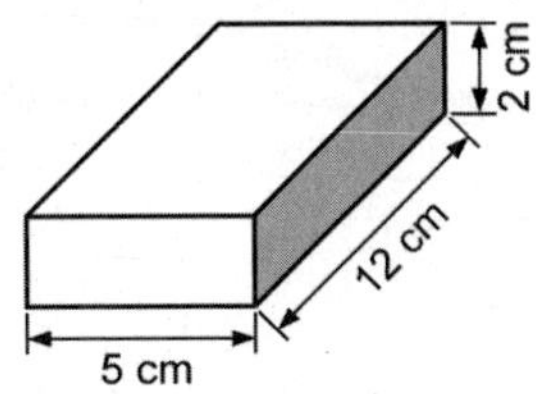

____

c)

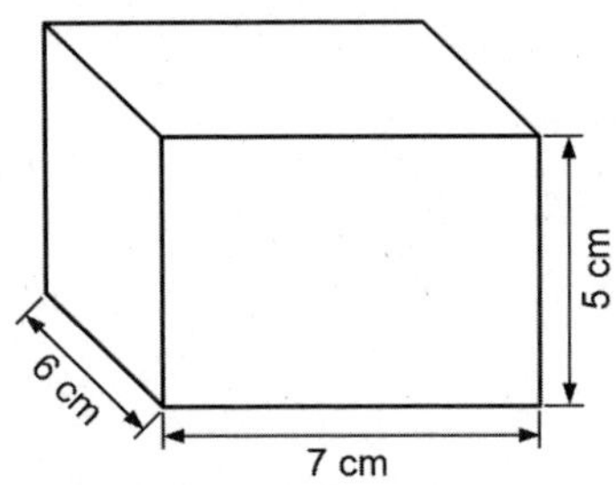

____

6 Suche dir einen Partner oder eine Partnerin und bestimmt den Rauminhalt des zusammengesetzten Körpers. Diskutiert, wie ihr am besten vorgeht.

a)

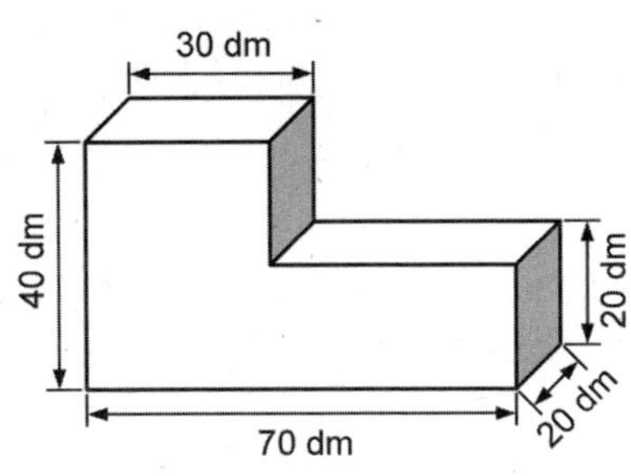

b)

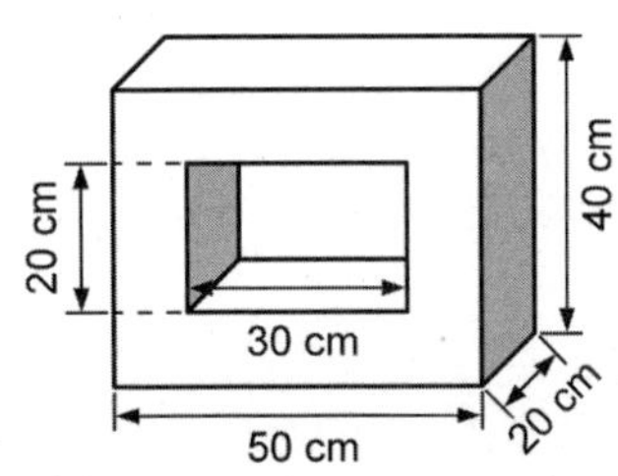

978-3-12-746462-7 Einblicke Mathematik 6, Serviceblätter

Ernst Klett Verlag GmbH, Stuttgart 2006

Quadernetze und Oberflächeninhalt des Quaders

Material: Schere, Lineal oder Geodreieck

1 Färbe im Quadernetz jeweils in den gleichen Farben:
a) sich gegenüberliegende Flächen
b) Linien, die zur selben Kante gehören

Kontrolliere deine Lösung durch Ausschneiden und Zusammenfalten des Quaders.

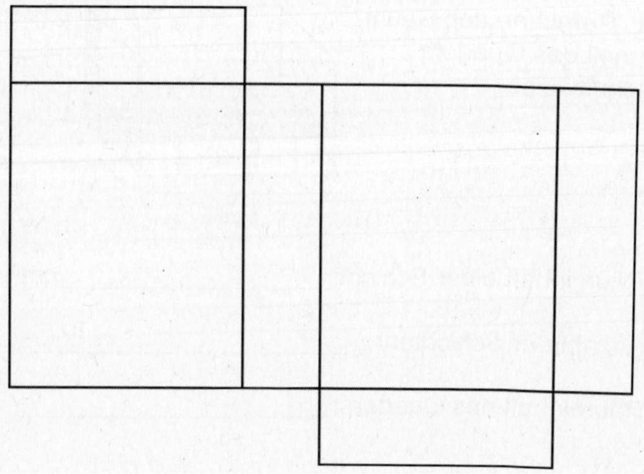

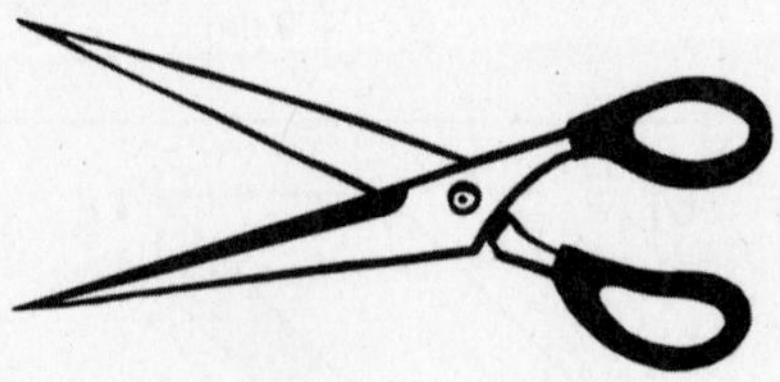

2 a) Bezeichne die Netzflächen mit rechts, links, oben, unten, hinten und vorne.
b) Zeichne die Linien in das Quadernetz ein.

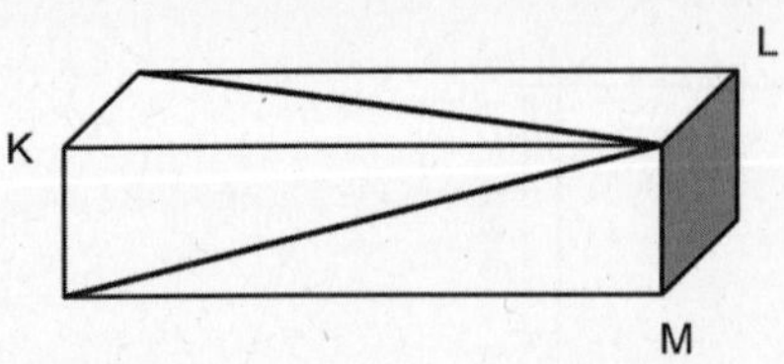

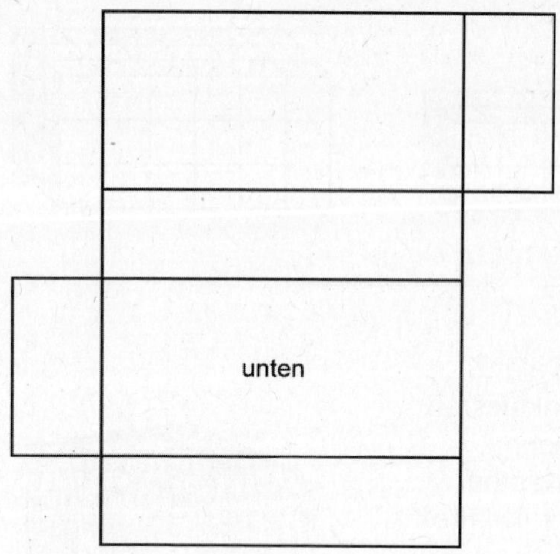

c) Markiere im Netz die Eckpunkte K, L und M. Kontrolliere durch Ausschneiden und Falten des Quaders.

3 Ein Quader mit einer quadratischen Grundfläche heißt quadratische Säule. Ergänze das begonnene Netz. Prüfe durch Ausschneiden und Falten.

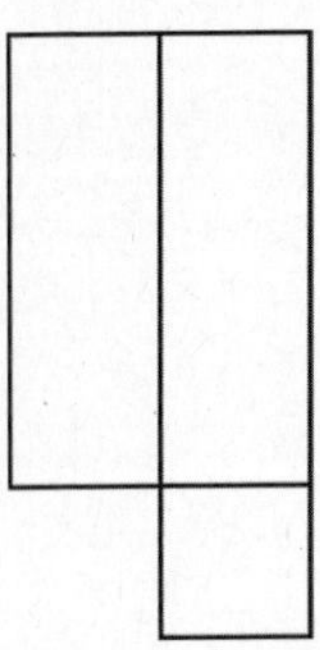

4 Nimm an den von dir gebastelten Quadern Maß und berechne jeweils den Oberflächeninhalt.

Quader 1: ______________________________

____

Quader 2: ______________________________

____

Quader 3: ______________________________

____

978-3-12-746462-7 Einblicke Mathematik 6, Serviceblätter

Ernst Klett Verlag GmbH, Stuttgart 2006

Brüche addieren und subtrahieren

1 Berechne. Wenn möglich, kürze und schreibe als gemischte Zahl.

a) $\frac{1}{9}+\frac{5}{9}=\frac{1+5}{9}=\frac{6}{9}=$ ______

b) $\frac{3}{8}+\frac{1}{8}=$ ______

c) $\frac{15}{17}-\frac{5}{17}=$ ______

d) $\frac{17}{21}-\frac{3}{21}=$ ______

e) $\frac{37}{40}+\frac{18}{40}=$ ______

f) $\frac{53}{24}-\frac{27}{24}=$ ______

2 Berechne. Wenn möglich, kürze und schreibe als gemischte Zahl.

a) $\frac{24}{25}+\frac{36}{25}=\frac{24+36}{25}=$ ______

b) $\frac{72}{20}-\frac{38}{20}=$ ______

c) $\frac{28}{32}+\frac{48}{32}=$ ______

d) $\frac{82}{16}-\frac{54}{16}=$ ______

3 Kreuze das richtige Ergebnis an.

a)

$\frac{1}{3}+\frac{2}{5}$	$\frac{11}{15}$	$\frac{4}{5}$	$\frac{13}{15}$	$\frac{14}{15}$	$\frac{2}{3}$
$\frac{3}{4}+\frac{4}{3}$	$\frac{7}{4}$	$\frac{11}{6}$	$\frac{23}{12}$	$\frac{24}{12}$	$\frac{25}{12}$
$\frac{3}{2}+\frac{1}{8}$	$\frac{3}{4}$	$\frac{7}{8}$	$\frac{9}{8}$	$\frac{5}{4}$	$\frac{13}{8}$
$\frac{2}{3}+\frac{3}{7}$	$\frac{20}{21}$	1	$\frac{22}{21}$	$\frac{23}{21}$	$\frac{8}{7}$
$\frac{4}{3}+\frac{3}{5}$	$\frac{9}{5}$	$\frac{28}{15}$	$\frac{29}{15}$	$\frac{31}{15}$	$\frac{11}{5}$
$\frac{5}{4}+\frac{1}{3}$	$\frac{19}{12}$	$\frac{10}{6}$	$\frac{7}{4}$	$\frac{11}{6}$	$\frac{23}{12}$

b)

$\frac{2}{3}-\frac{1}{5}$	$\frac{3}{15}$	$\frac{4}{5}$	$\frac{6}{15}$	$\frac{7}{15}$	$\frac{1}{3}$
$\frac{5}{3}-\frac{1}{4}$	$\frac{7}{4}$	$\frac{11}{6}$	$\frac{17}{12}$	$\frac{19}{12}$	$\frac{11}{12}$
$\frac{5}{2}-\frac{3}{8}$	$\frac{19}{8}$	$\frac{5}{2}$	$\frac{13}{8}$	$\frac{11}{4}$	$\frac{17}{8}$
$\frac{4}{3}-\frac{4}{7}$	$\frac{16}{21}$	$\frac{10}{21}$	2	$\frac{19}{21}$	$\frac{5}{7}$
$\frac{3}{3}-\frac{4}{5}$	$\frac{1}{3}$	$\frac{6}{15}$	$\frac{1}{5}$	$\frac{4}{15}$	$\frac{2}{5}$
$\frac{7}{3}-\frac{2}{4}$	2	$\frac{11}{6}$	$\frac{5}{3}$	$\frac{21}{12}$	$\frac{23}{12}$

4 Addiere zwei benachbarte Zahlen und trage das Ergebnis in das Feld darüber ein.

a)

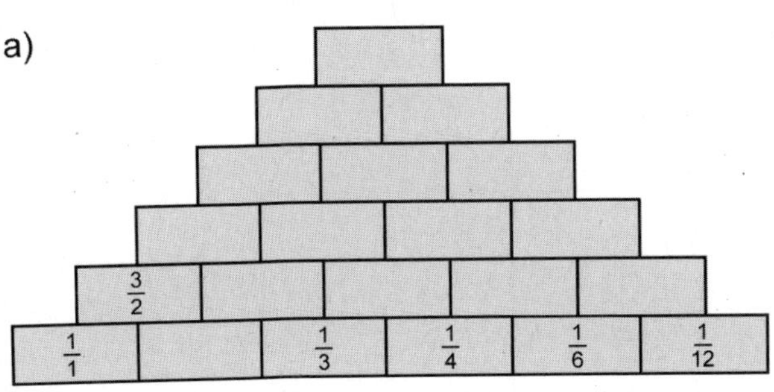

b)

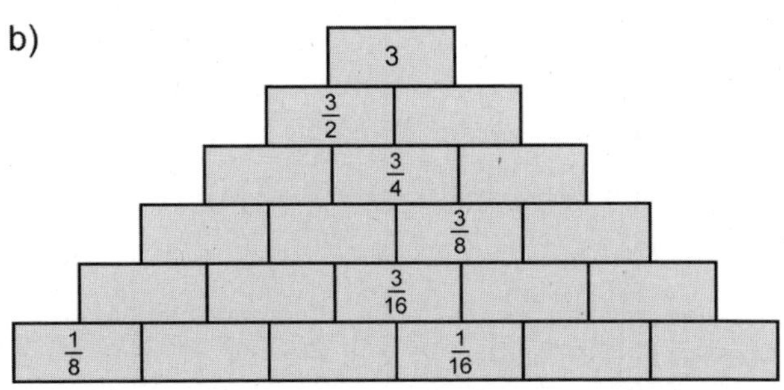

Magische Quadrate

Vervollständige die beiden angefangenen magischen Zahlenquadrate.
Senkrecht, waagrecht und diagonal ergibt sich immer dieselbe Summe.

	$\frac{7}{13}$	$\frac{6}{13}$
		$\frac{1}{13}$
$\frac{4}{13}$		$\frac{8}{13}$

$\frac{17}{25}$		$\frac{1}{25}$	$\frac{8}{25}$	$\frac{15}{25}$
$\frac{6}{25}$	$\frac{13}{25}$	$\frac{20}{25}$	$\frac{22}{25}$	
			$\frac{11}{25}$	$\frac{18}{25}$
	$\frac{16}{25}$		$\frac{5}{25}$	$\frac{7}{25}$
$\frac{3}{25}$		$\frac{12}{25}$	$\frac{19}{25}$	

978-3-12-746462-7 Einblicke Mathematik 6, Serviceblätter

Ernst Klett Verlag GmbH, Stuttgart 2006

Puzzle – Brüche addieren und subtrahieren

Material: Schere, Puzzleteile

Schneide die einzelnen Puzzleteile des unteren Bildes aus und lege sie auf die entsprechenden Teile der oberen Karte. Hast du richtig gerechnet, erhältst du ein Bild.

$\frac{3}{5}+\frac{7}{10}$	$\frac{2}{7}+\frac{3}{14}$	$\frac{4}{5}-\frac{2}{4}$	$\frac{3}{7}-\frac{1}{8}$
$\frac{13}{5}+\frac{17}{10}$	$\frac{7}{9}+\frac{1}{27}$	$\frac{3}{5}-\frac{1}{2}$	$\frac{7}{6}-\frac{5}{7}$
$\frac{2}{3}+\frac{5}{7}$	$\frac{4}{5}+\frac{1}{10}$	$\frac{3}{2}-\frac{1}{7}$	$\frac{8}{6}-\frac{3}{8}$
$\frac{2}{3}+\frac{5}{6}$	$\frac{4}{3}+\frac{1}{5}$	$\frac{5}{7}-\frac{2}{3}$	$\frac{10}{12}-\frac{2}{8}$

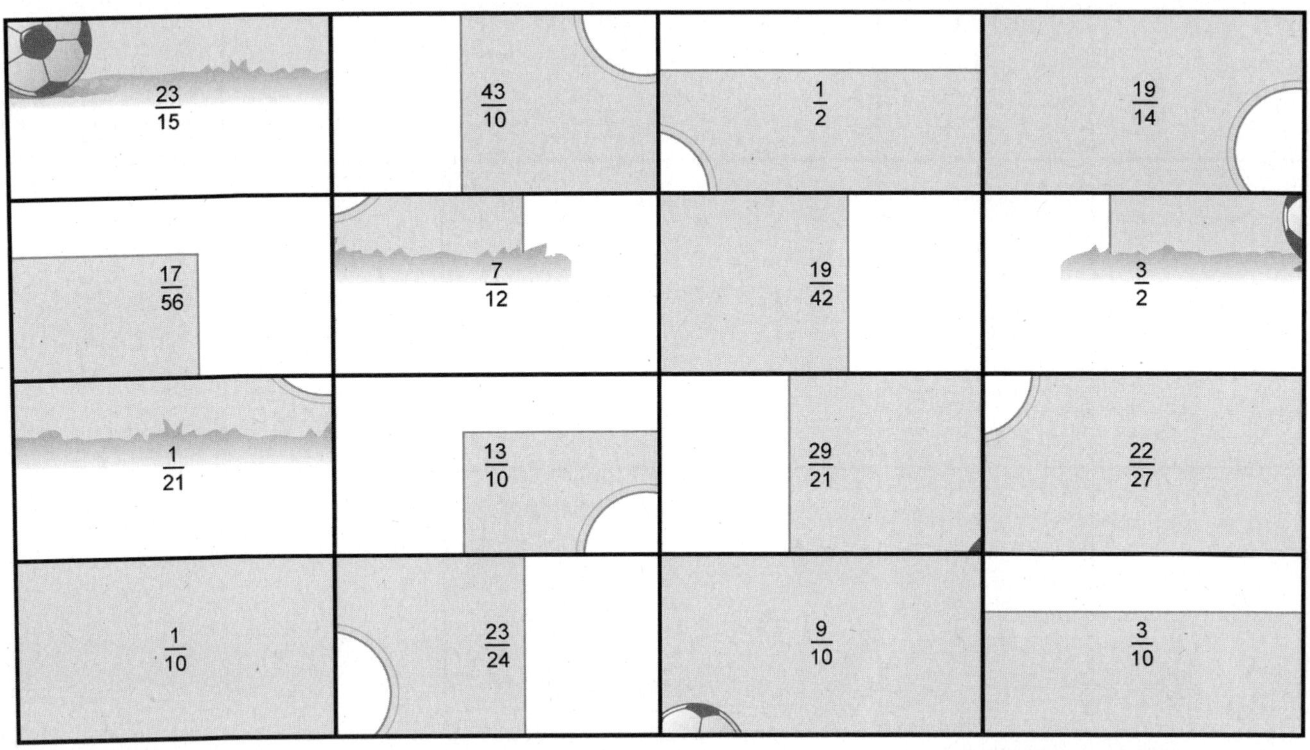

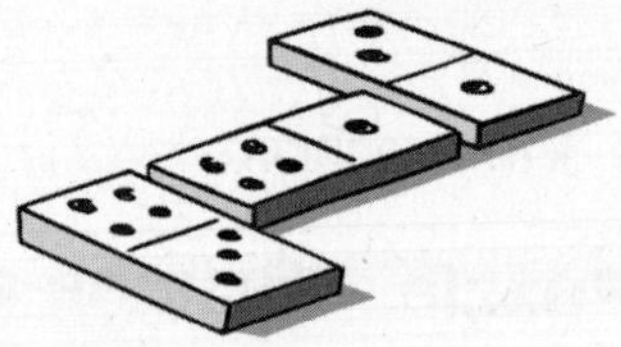

Domino – Brüche addieren und subtrahieren

Material: Schere, Dominosteine

Spielbeschreibung: Schneide die Dominosteine entlang der dickeren Linien aus. Lege die Teile dann so aneinander, dass immer zwei passende Dominoteile aneinander stoßen. So erhältst du eine schöne Dominoschlange mit einem Anfangs- und einem Endstein.

$\frac{2}{5}$	$\frac{1}{2}+\frac{1}{4}$	$\frac{3}{4}$	$\frac{5}{6}-\frac{5}{12}$	$\frac{5}{12}$	$\frac{2}{3}-\frac{1}{2}$
$\frac{3}{5}-\frac{1}{2}$	$\frac{1}{10}$	$\frac{3}{5}-\frac{1}{2}$	$\frac{2}{3}$	$\frac{1}{2}+\frac{1}{6}$	$\frac{1}{6}+\frac{1}{6}$
$\frac{1}{3}$	$\frac{3}{10}-\frac{1}{5}$	$\frac{1}{10}$	$\frac{\blacksquare}{\blacksquare}-\frac{2}{10}=\frac{5}{10}$	$\frac{7}{10}$	$\frac{3}{2}+\frac{1}{6}$
$\frac{10}{6}$	$\frac{1}{12}+\frac{\blacksquare}{\blacksquare}=1$	$\frac{11}{12}$	$1-\frac{\blacksquare}{\blacksquare}=\frac{5}{8}$	$\frac{3}{8}$	$\frac{1}{2}-\frac{1}{4}$
$\frac{1}{4}$	$\frac{6}{9}-\frac{2}{3}$	0	$\frac{1}{3}-\frac{1}{6}$	$\frac{1}{6}$	$\frac{3}{5}-\frac{1}{5}$

Ernst Klett Verlag GmbH, Stuttgart 2006

Brüche vervielfachen

1 Notiere die dargestellte Multiplikationsaufgabe. Gib auch das Ergebnis an.

a)

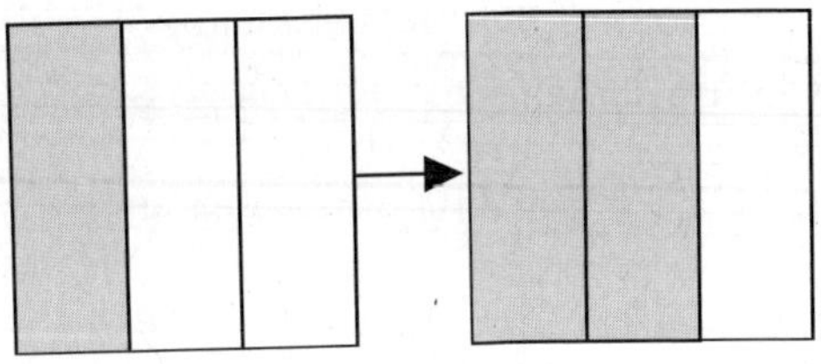

$2 \cdot \frac{1}{3}$ = ____________

b)

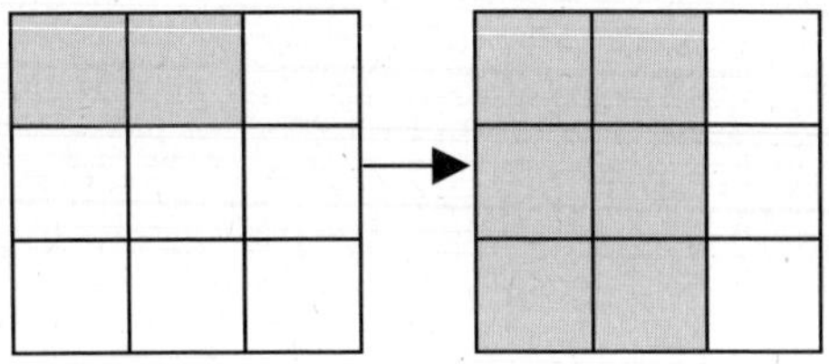

____________ = ____________

2 Vervollständige für $2 \cdot \frac{2}{5}$ die Zeichnung. Notiere auch das Ergebnis.

Ergebnis: ____________

3 Ergänze die Zeichnungen.

a) Vervielfache $\frac{1}{4}$ mit 2.

b) Erweitere $\frac{1}{4}$ mit 2.

Notiere deine Ergebnisse und beschreibe die Unterschiede.

____

____

4 Warum darfst du bei $2 \cdot \frac{1}{4}$ nicht den Nenner mit 2 multiplizieren? Begründe deine Meinung mithilfe der Zeichnungen aus Aufgabe 3.

____

____

5 Stelle die folgenden Aufgaben am Zahlenstrahl dar. Notiere sie als Multiplikationsaufgaben und berechne.

a) $\frac{3}{5} + \frac{3}{5} + \frac{3}{5}$ = ____________ = ____________

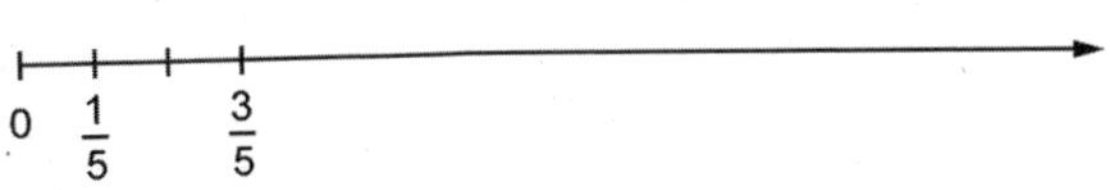

b) $\frac{1}{6} + \frac{1}{6} + \frac{1}{6} + \frac{1}{6} + \frac{1}{6} + \frac{1}{6}$ = ____________ = ____________

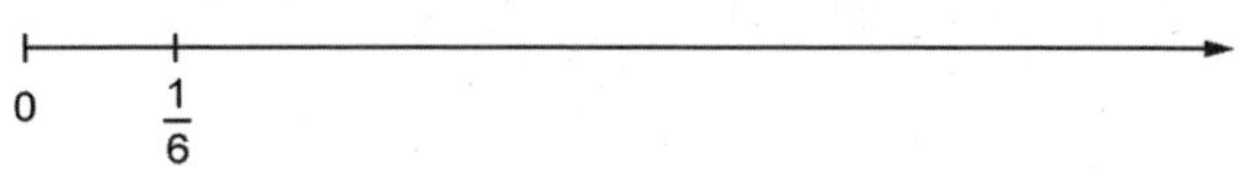

Tandembogen Brüche vervielfachen

Hier knicken

Aufgaben für Partner B

1 Notiere eine passende Rechnung.

a)
b)

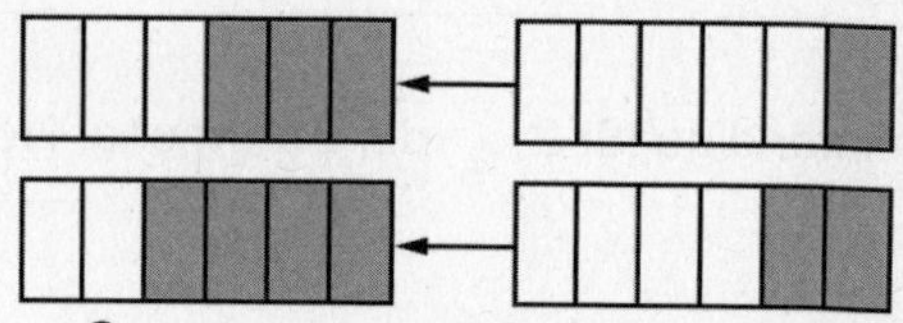

2 Schreibe als Multiplikationsaufgabe und löse sie.

a) $\frac{2}{9}+\frac{2}{9}+\frac{2}{9}+\frac{2}{9}+\frac{2}{9}$ b) Das Dreifache von $\frac{4}{7}$.

3 Berechne im Kopf. $4 \cdot \frac{1}{8}$

4 Berechne. Gib das Ergebnis als gemischte Zahl an. $5 \cdot \frac{3}{7}$

5 Berechne und kürze. $5 \cdot \frac{3}{10}$

6 Vervollständige. $\frac{3}{5} \cdot \square = 6$

Lösungen für Partner A

1 a) $5 \cdot \frac{1}{6} = \frac{5}{6}$
b) $2 \cdot \frac{3}{6} = \frac{6}{6} = 1$

2 a) $\frac{3}{8}$
b) $\frac{8}{5}$

3 $\frac{12}{5}$

4 $\frac{12}{7} = 1\frac{5}{7}$

5 $\frac{20}{10} = 2$

6 6

Hier knicken

Tandembogen Brüche vervielfachen

Aufgaben für Partner A

1 Notiere eine passende Rechnung.

a)
b)

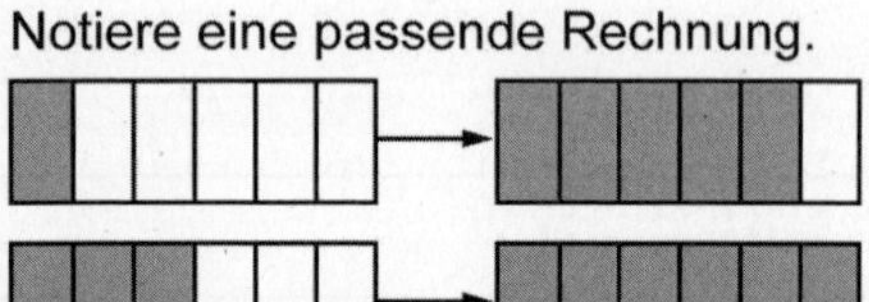

2 Schreibe als Multiplikationsaufgabe und löse sie.

a) $\frac{1}{8}+\frac{1}{8}+\frac{1}{8}$ b) Das Doppelte von $\frac{4}{5}$.

3 Berechne im Kopf. $\frac{3}{5} \cdot 4$

4 Berechne. Gib das Ergebnis als gemischte Zahl an. $4 \cdot \frac{3}{7}$

5 Berechne und kürze. $5 \cdot \frac{4}{10}$

6 Vervollständige. $\frac{2}{3} \cdot \square = 4$

Lösungen für Partner B

1 a) $\frac{2}{6} \cdot 2 = \frac{4}{6}$
b) $\frac{1}{6} \cdot 3 = \frac{3}{6}$

2 a) $\frac{2}{9} \cdot 5 = \frac{10}{9} = 1\frac{1}{9}$
b) $\frac{12}{7} = 1\frac{5}{7}$

3 $\frac{4}{8} = \frac{1}{2}$

4 $\frac{15}{7} = 2\frac{1}{7}$

5 $\frac{15}{10} = \frac{3}{2} = 1\frac{1}{2}$

6 10

978-3-12-746462-7 Einblicke Mathematik 6, Serviceblätter Ernst Klett Verlag GmbH, Stuttgart 2006

Multiplikationsreihen

1 Vervollständige und setze die Reihe um ein Glied fort. Findest du einen Zusammenhang zwischen den Faktoren und dem Ergebnis? Stelle in Teilaufgabe d) selbst eine entsprechende Multiplikationsreihe auf und prüfe deine Vermutung.

a) $2 \cdot 1 =$ ____
$1 \cdot \frac{1}{2} =$ ____
$\frac{1}{2} \cdot \frac{1}{4} =$ ____
____ $=$ ____

b) $4 \cdot \frac{1}{4} =$ ____
$1 \cdot \frac{1}{4} =$ ____
$\frac{1}{4} \cdot \frac{1}{4} =$ ____
____ $=$ ____

c) $\frac{3}{5} \cdot \frac{1}{2} =$ ____
$\frac{3}{5} \cdot \frac{1}{4} =$ ____
$\frac{3}{5} \cdot \frac{1}{8} =$ ____
____ $=$ ____

d) ____

2 Vervollständige und setze die Reihe um eine Zeile fort. Findest du einen Zusammenhang zwischen den Faktoren und dem Ergebnis? Stelle in Teilaufgabe d) selbst eine entsprechende Multiplikationsreihe auf und prüfe deine Vermutung.

a) $\frac{1}{8} \cdot \frac{1}{5} =$ ____
$\frac{1}{4} \cdot \frac{2}{5} =$ ____
$\frac{1}{2} \cdot \frac{4}{5} =$ ____
____ $=$ ____

b) $\frac{3}{1} \cdot \frac{8}{5} =$ ____
$\frac{3}{2} \cdot \frac{4}{5} =$ ____
$\frac{3}{4} \cdot \frac{2}{5} =$ ____
____ $=$ ____

c) $\frac{2}{7} \cdot \frac{3}{4} =$ ____
$\frac{4}{7} \cdot \frac{3}{8} =$ ____
$\frac{8}{7} \cdot \frac{3}{16} =$ ____
____ $=$ ____

d) ____

3 Finde Aufgaben mit doppeltem, halb so großem und viermal so großem Ergebnis.
Gib mehrere Möglichkeiten an.

	Ergebnis doppelt so groß	Ergebnis halb so groß	Ergebnis viermal so groß
$\frac{5}{8} \cdot \frac{12}{18}$			
$\frac{3}{4} \cdot \frac{1}{10}$			

Führt das Erweitern von $\frac{3}{4} \cdot \frac{1}{10} = \frac{3}{4} \cdot \frac{2}{20}$ auf eine der geforderten Aufgaben? Begründe im Heft ohne zu rechnen!

978-3-12-746462-7 Einblicke Mathematik 6, Serviceblätter

Ernst Klett Verlag GmbH, Stuttgart 2006

Schaubilder lesen – Tiere und ihre Besonderheiten

1 Das Schaubild zeigt, wie lang einige Fische werden können. Welches ist der kleinste Fisch, welches der größte? ______________________

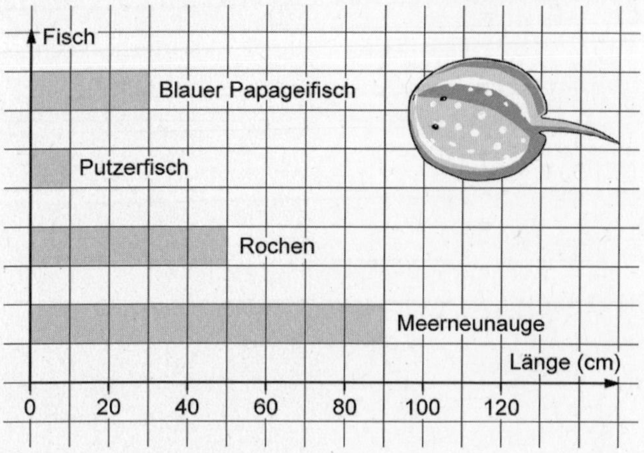

2 Das Schaubild zeigt, wie viele Eier manche Reptilien legen können. Wer legt die wenigsten Eier, wer die meisten? ______________________

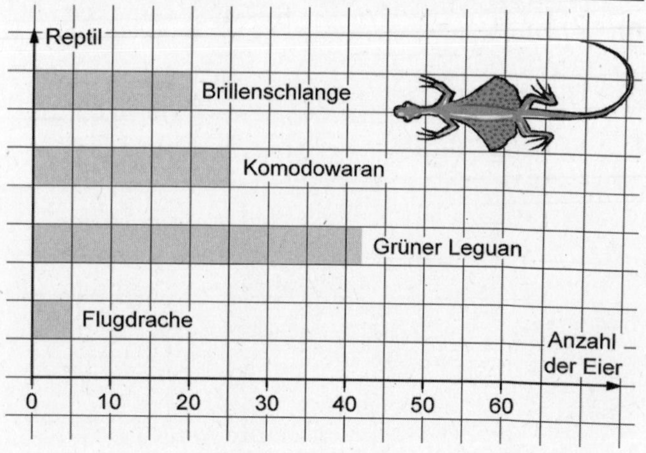

3 Wie schwer können diese Vögel werden? Trage die Gewichte in die Tabelle ein.

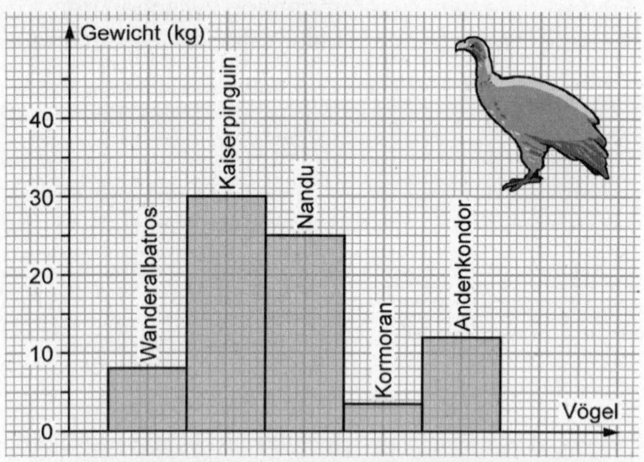

Wander-albatros	Kaiser-pinguin	Nandu	Kormo-ran	Anden-kondor

4 Das Schaubild zeigt die Flügelspannweite einiger Vögel. Trage sie in die Tabelle ein.

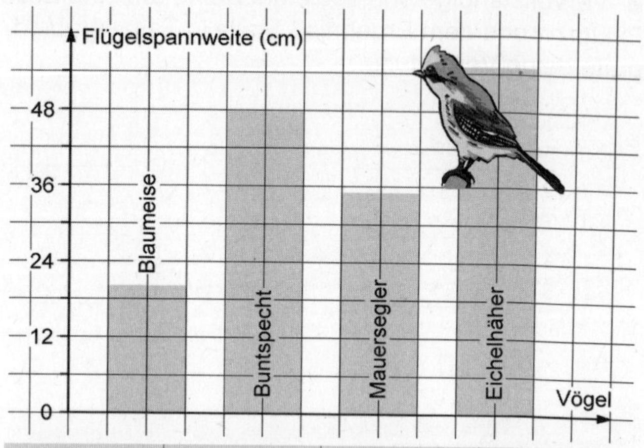

Blaumeise	Buntspecht	Mauer-segler	Eichel-häher

5 Vervollständige das Säulendiagramm und stelle die maximale Anzahl Jungtiere pro Wurf dar.

Jungtiere pro Wurf (maximal)	
Rotfuchs	6
Koala	1
Schnabeltier	3
Maulwurf	4
Wasserschwein	8
Wüstenspringmaus	6
Biber	5
Schneehase	5
Berglemming	5

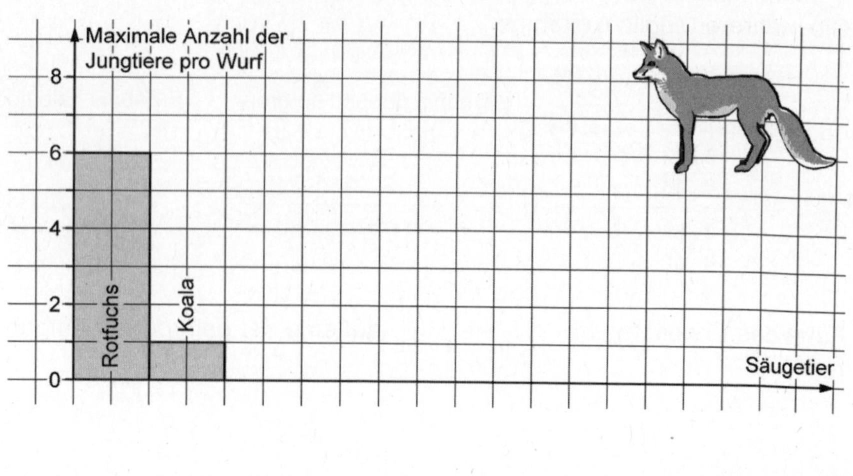

Temperaturen ermitteln

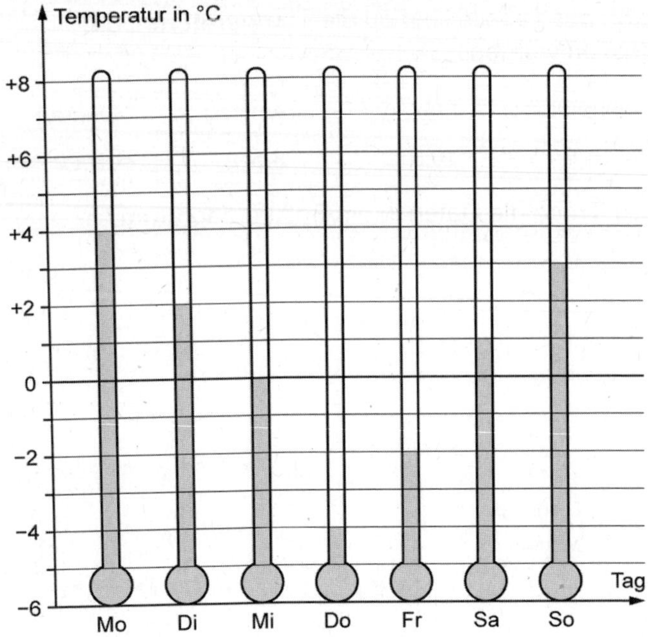

1 An einer Wetterstation wird eine Woche lang morgens um 8.00 Uhr die Lufttemperatur gemessen.
a) Wie kalt war es am Mittwoch?

____

b) Wann war es am kältesten? Wie kalt war es?

____

c) Wann war es am wärmsten? Wie warm war es?

____

d) Wie hoch ist der größte Temperaturunterschied?

____

e) In welchem Monat können diese Temperaturen gemessen worden sein?

____

2 a) Paolo ist krank. Zweimal täglich wird seine Körpertemperatur gemessen. Verbinde die Punkte zu einer Fieberkurve.

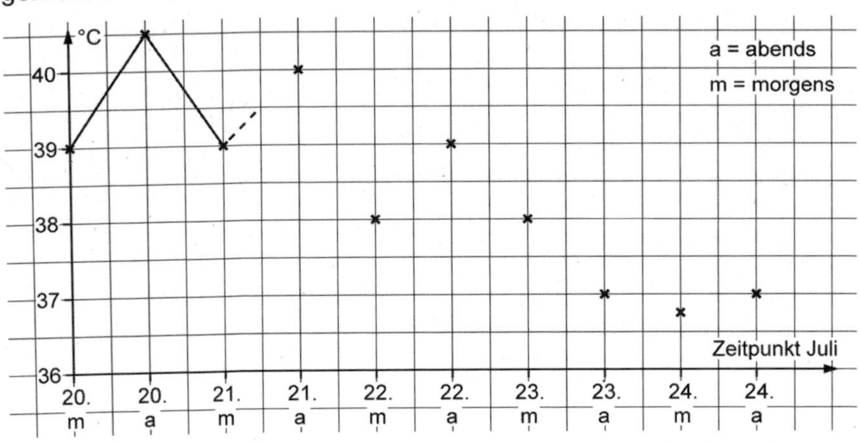

b) Wann ist das Fieber am höchsten und wie hoch ist die Temperatur zu diesem Zeitpunkt?

____

c) Wann steigt das Fieber am stärksten an und um wie viel Grad steigt es an?

____

____

d) Ab wann ist Paolo fieberfrei?

____

3 Die Schaubilder zeigen die Temperaturen innerhalb eines Jahres in Stuttgart und der Stadt Sydney in Australien. Lies die Aufgaben und notiere die Lösungen in deinem Heft.
a) Vergleiche die Temperaturen und ordne sie den Städten zu. Was fällt dir besonders auf?

____

____

b) Wann war es wo am heißesten, wann am kältesten? Notiere im Heft.
c) Wie sind die Temperaturen verteilt?
d) Was kannst du über die Jahreszeiten sagen?

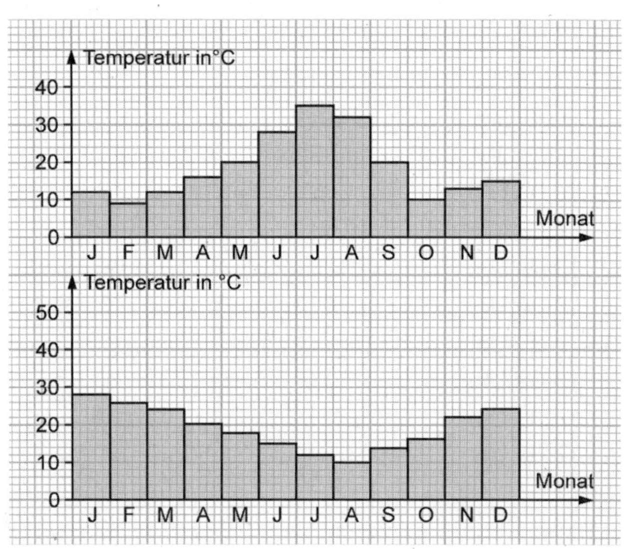

978-3-12-746462-7 Einblicke Mathematik 6, Serviceblätter

Ernst Klett Verlag GmbH, Stuttgart 2006

Temperaturen darstellen

1 Daten kann man auf unterschiedliche Weise darstellen. In der Tabelle liest du die Temperaturen, die innerhalb einer Woche jeweils um 9.00 Uhr morgens gemessen wurden.

Wochentag	Montag	Dienstag	Mittwoch	Donnerstag	Freitag	Samstag	Sonntag
Temperatur	4°C	8°C	7°C	10°C	10,5°C	8,5°C	5°C

a) Zeichne die Daten in die Thermometer ein.

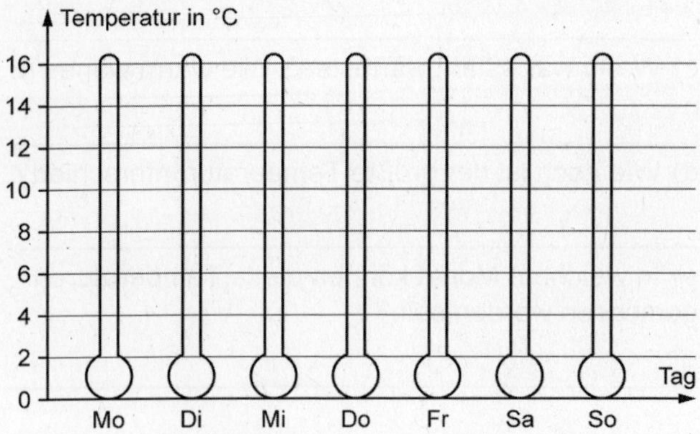

b) Trage die Daten in ein Balkendiagramm.

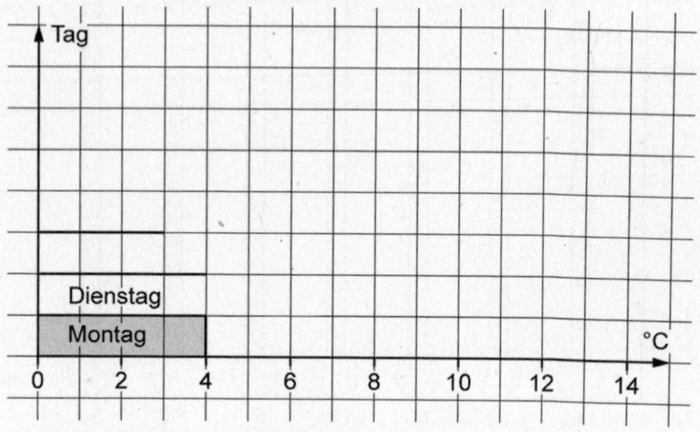

c) Zeichne die Daten in ein Säulendiagramm.

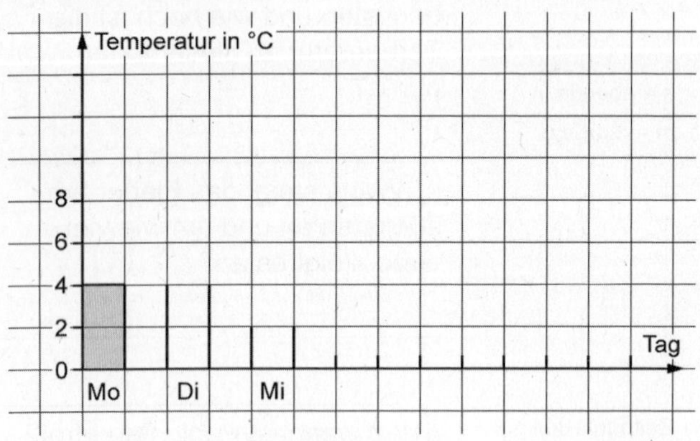

d) Trage die Daten in ein „Strich"-diagramm ein.

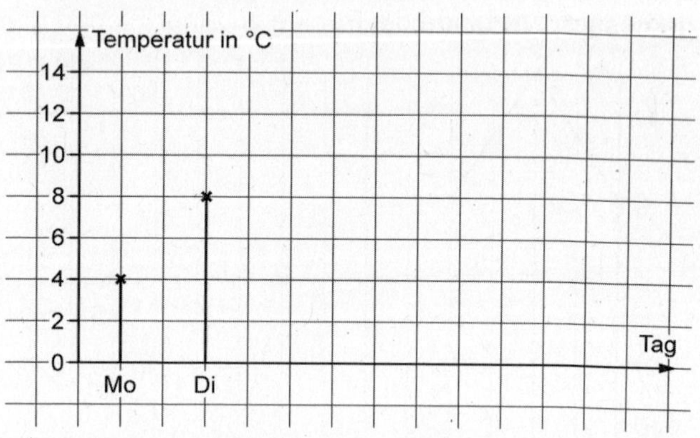

2 Trage die Temperaturen in das Koordinatensystem ein. Verbinde zur „Temperaturkurve".

Zeit	Temperatur
8.00 Uhr	10 °C
9.00 Uhr	11,5 °C
10.00 Uhr	13 °C
11.00 Uhr	14,5 °C
12.00 Uhr	16 °C
13.00 Uhr	18 °C
14.00 Uhr	19 °C
15.00 Uhr	23 °C
16.00 Uhr	24 °C
17.00 Uhr	24,5 °C

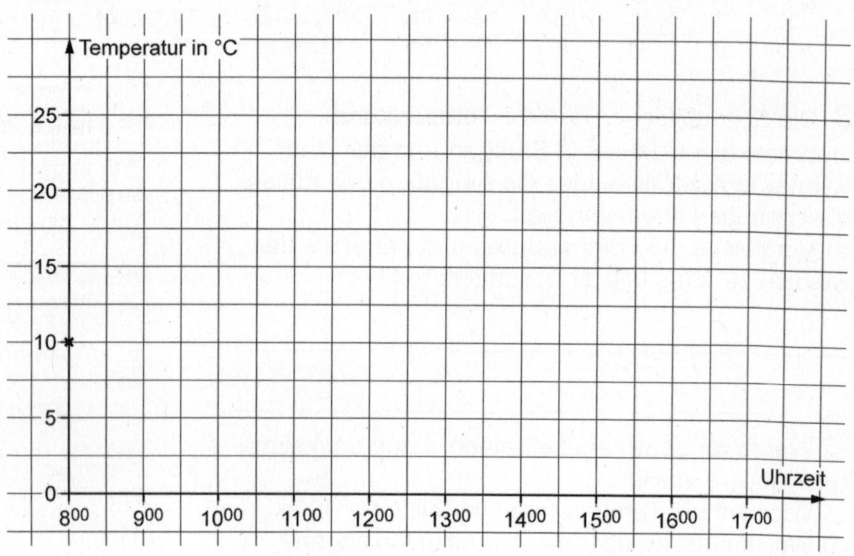

20 min Einzelarbeit

Daten erheben und darstellen

1 Maria arbeitet im Schulkiosk. Sie führt eine Strichliste über die verkauften Getränke.

Milch 𝍸 𝍸 𝍸 |||
Kakao 𝍸 𝍸 𝍸 𝍸 ||
Wasser |||
Orangensaft 𝍸 |||
Energy-Drink 𝍸 𝍸 𝍸 |

a) Trage in die Tabelle ein.

Milch	Kakao	Wasser	O-Saft	Energy-Drink

b) Vervollständige das Säulendiagramm.

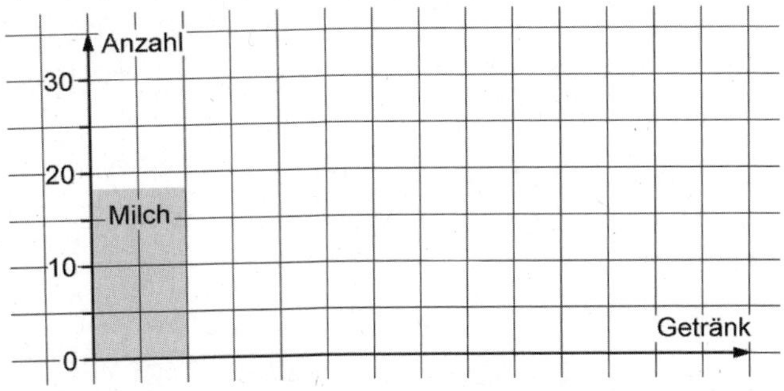

2 Rolf hat nachgefragt, welche Sport-AG die Kinder seines Jahrgangs wählen.

Tanzen 𝍸 𝍸 𝍸 |||
Turnen 𝍸 |
Fußball 𝍸 𝍸 𝍸 𝍸 |
Tennis 𝍸 |||
Hockey 𝍸 𝍸 𝍸

a) Trage die jeweilige Anzahl in die Tabelle ein.

Tanzen	Turnen	Fußball	Tennis	Hockey

b) Stelle in einem Balkendiagramm dar.

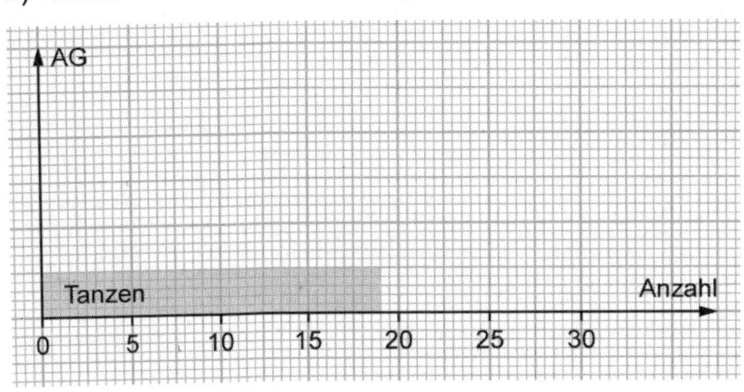

3 Lehrer Kuhn hat in zwei sechsten Klassen eine Arbeit geschrieben. Hier die Ergebnisse.

Note	6a	6b
1	||	|||
2	𝍸 |	𝍸 |||
3	𝍸 ||||	𝍸 |||
4	𝍸 |	𝍸 |
5	||	||||
6	|	

a) Wie viele Kinder haben mitgeschrieben?

6a: ________ 6b: ________ insgesamt: ________

b) Stelle die Noten der Klasse 6a in einem Balkendiagramm dar.

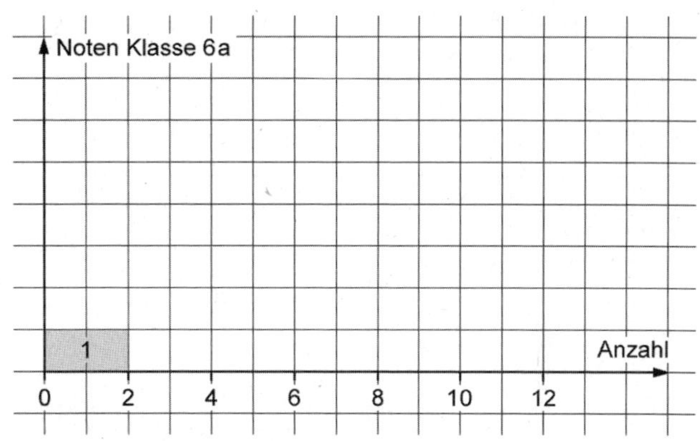

c) Stelle die Noten der Klasse 6b in einem Säulendiagramm dar.

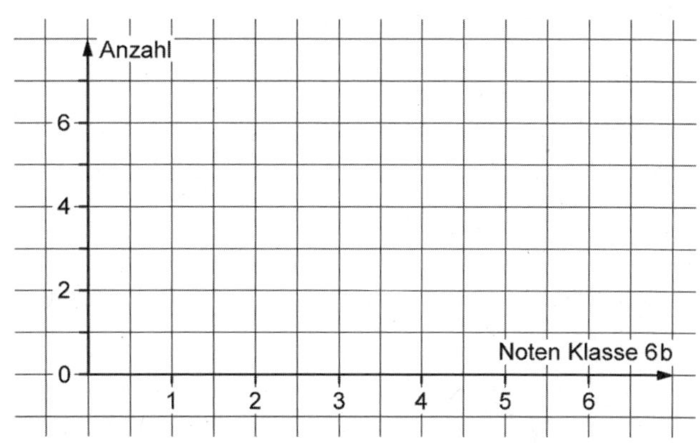

Daten in deiner Klasse erheben und darstellen

Material: Geodreieck

1 Daten lassen sich unterschiedlich darstellen. Fragt die Kinder in eurer Klasse, was sie am liebsten essen. Jeder darf ein Gericht aussuchen. Trage die Daten als Strichliste ein und als Zahl.

a) Vervollständige die Strichliste.

Gericht	Anzahl als Strichliste	Anzahl
Pizza		
Döner		
Hamburger		
Hähnchen		
Spagetti		
andere		

b) Veranschauliche die Ergebnisse der Befragung in einem Balkendiagramm.

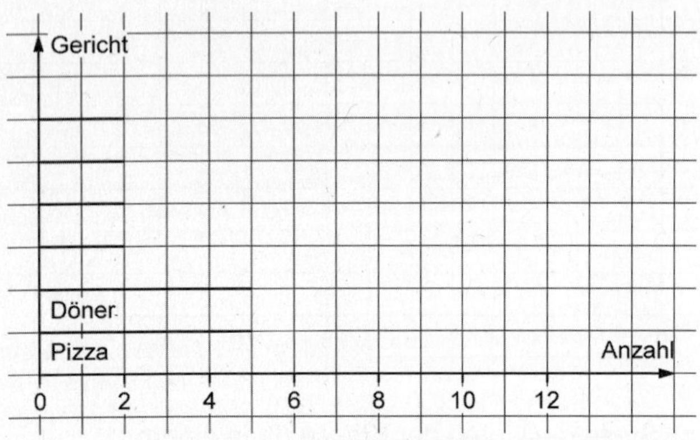

c) Vervollständige das Streifendiagramm. Zeichne für jedes Gericht 2-mm-Streifen.

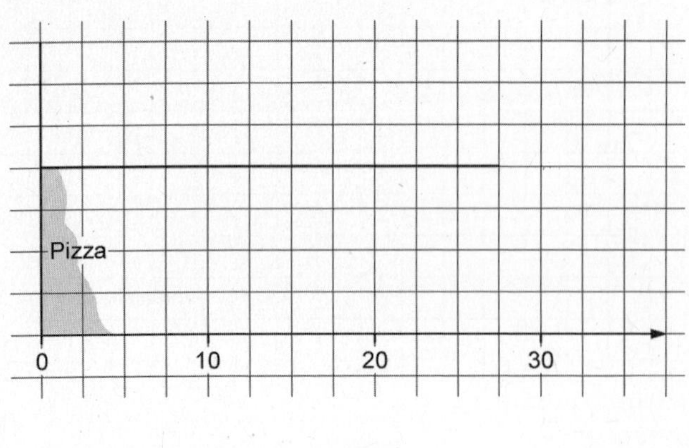

2 Bei der zweiten Umfrage werden die Kinder nach ihrem Lieblingstier befragt.

a) Stelle die Ergebnisse wieder in der Tabelle dar.

Lieblingstier	Anzahl als Strichliste	Anzahl
Hund		
Pferd		
Delfin		
Katze		
andere		

b) Wähle ein Diagramm aus und stelle deine Ergebnisse dar.

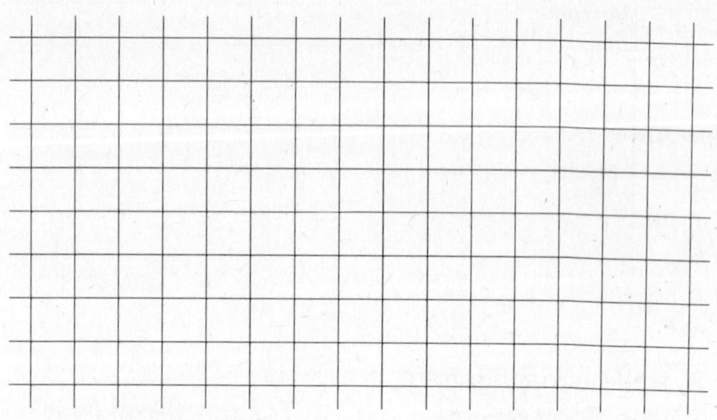

c) Stelle deine Ergebnisse in einem Kreisdiagramm dar. Runde die Winkel auf ganze Gradzahlen.

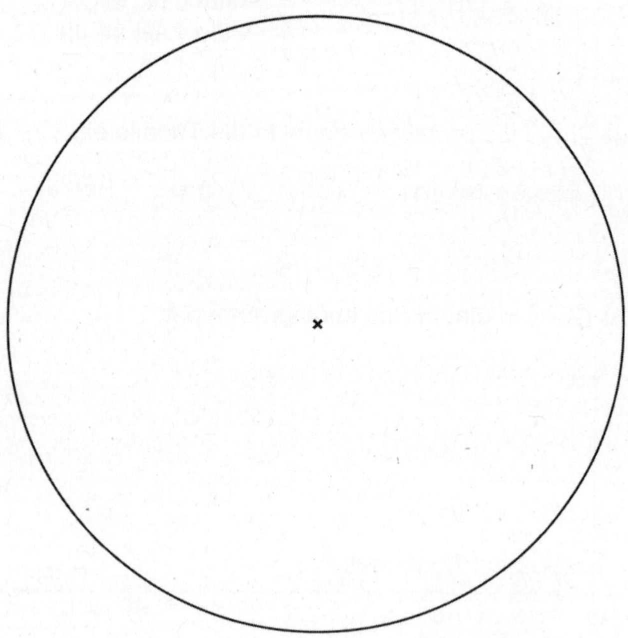

978-3-12-746462-7 Einblicke Mathematik 6, Serviceblätter

Ernst Klett Verlag GmbH, Stuttgart 2006

Bauwerke der Welt – Viele, viele Fragen

Das derzeit höchste Gebäude der Erde steht in Taipeh. Es handelt sich um das Finanzzentrum **Taipeh 101**, das am 31.12.2004 eröffnet wurde. Ein 660 Tonnen schweres Pendel, das an armdicken Stahlseilen zwischen dem 91. und 87.Stock aufgehängt ist, soll Schwankungen dämpfen und das Gebäude bei Erdbeben schützen. Die Fassade aus Glas, Stahl und Aluminium wurde aus 1,50 m breiten und 4,10 Meter langen Elementen errichtet. 1,8 Milliarden US-Dollar hat der Bau des Gebäudes gekostet. Schon 2007 soll in Schanghai mit dem **Jinmao Tower** ein noch höheres Finanzzentrum entstehen.

1 Um das Gebäude gegen Erdbeben zu schützen, ist ein großes Gewicht notwendig. Gib das Gewicht des Pendels in kg an.

2 Wie viele Stockwerke umspannt das Pendel?

3 Berechne den Flächeninhalt eines der Elemente, aus denen das Gebäude errichtet wurde.

4 Miss die Höhe der Gebäude und berechne den Unterschied zwischen dem größten und dem kleinsten der abgebildeten Bauwerke.

5 Um wie viel Meter überragt die Spitze des Taipeh 101 den Sears Tower in Chicago?

6 Wie lange bräuchte ein Aufzug, der in einer Minute 5 m zurücklegt, um im Sears Tower von der Erde bis zur Spitze zu fahren?

7 Der Sears Tower in Chicago hat 110 Stockwerke. Im Durchschnitt hat jedes Stockwerk 150 Fenster.
a) Berechne, wie viele Fenster zu putzen sind.

b) Nimm an, ein Fensterputzer benötigt für jedes Fenster eine Minute. Wie viele Tage braucht er?

8 Das einzige Bauwerk, das man vom Weltraum aus sehen kann, ist die Chinesische Mauer, die 210 v. Chr. gebaut wurde. Sie ist etwa 6400 km lang, bis zu 16 m hoch und bis zu 8 m breit.
a) Die Entfernung von Hamburg nach München beträgt 780 km. Vergleiche mit der Chinesischen Mauer.

b) Die Mauer ist so breit, dass ein Wagen darüber fahren könnte. Angenommen ein Auto fährt gleichmäßig mit einer Geschwindigkeit von 50 km/h, wie lange bräuchte es um die Länge der Chinesischen Mauer zurückzulegen?

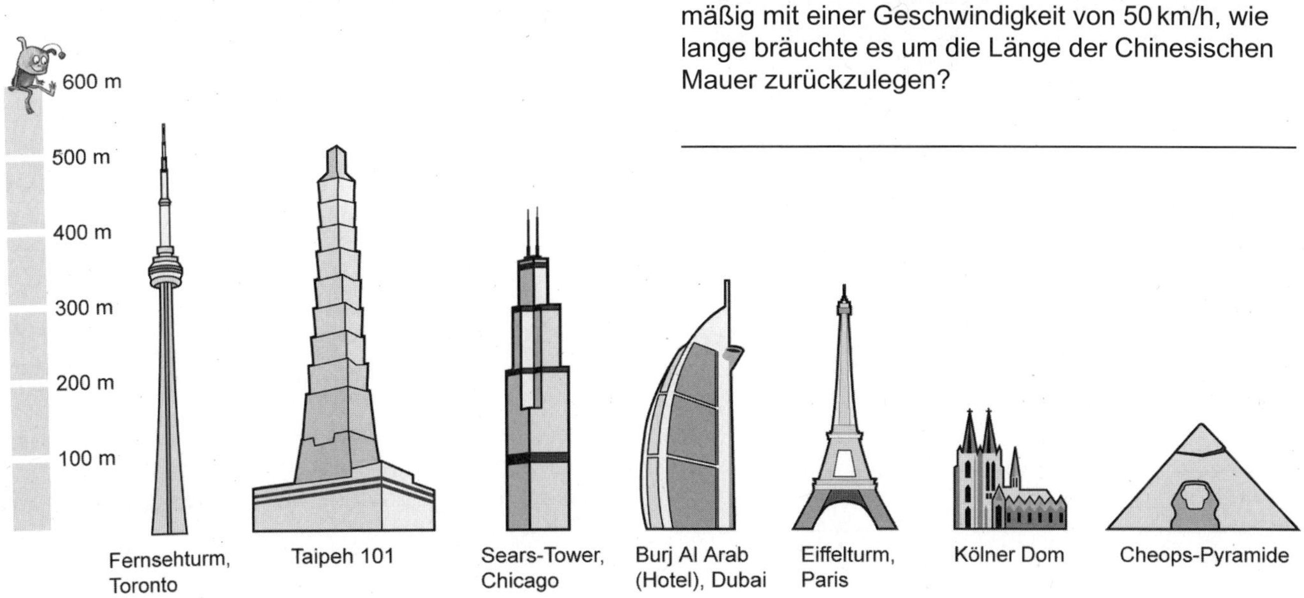

978-3-12-746462-7 Einblicke Mathematik 6, Serviceblätter

Ernst Klett Verlag GmbH, Stuttgart 2006

Mittelwert

1 Die Deutscharbeit wurde zurückgegeben. Berechne den Notendurchschnitt der Kinder.

Deutscharbeit			
Jens	1	Paul	1
Pia	3	Laura	1
Hakan	2	Hannes	3
Tobias	4	Sara	2
Nikos	2	Merve	2

1 + ______________________ = ________________
(alle Noten addieren) (Summe)

________ : ______________ = ________________
(Summe) (Anzahl der Noten) (Notendurchschnitt)

2 Für die sechsten Klassen der Anne-Frank-Hauptschule werden fünf Arbeitsgemeinschaften angeboten. Jedes Kind nimmt an einer AG teil. 9 Schülerinnen und Schüler spielen Tischtennis, 16 Fußball, zwölf sind in der Computer-AG, sieben sind im Schülerzeitungsteam und elf töpfern.

a) Wie viele Jungen und Mädchen gehen in die sechste Klasse? ______________

b) Wie viele Schülerinnen und Schüler sind durchschnittlich in einer AG?

____

3 Die Bilder zeigen die Wettervorhersage vom 17. Januar bis zum 21. Januar diesen Jahres.

Berechne die durchschnittlichen Tag- und die durchschnittlichen Nachttemperaturen.

____

____

4 Der Tabelle kannst du entnehmen, welchen Durchmesser ① einige heimische Baumarten ② erreichen können.

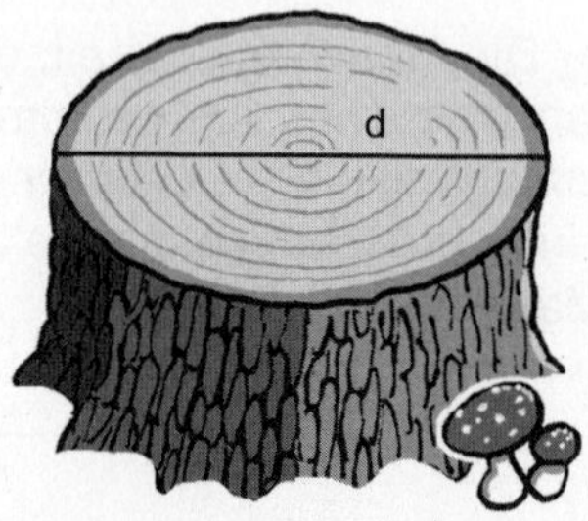

②	Feldahorn	Birke	Wacholder	Kiefer	Lärche	Fichte	Tanne
①	0,7 m	0,8 m	0,9 m	1 m	1,60 m	2 m	3 m

Wie groß ist der durchschnittliche Stammdurchmesser? Runde auf cm.

____

____

____

5 Die Zeichnung zeigt Zahnkärpflinge, das sind kleine Fische, die den Karpfen gleichen. Miss und berechne ihre durchschnittliche Länge. Runde auf mm.

6

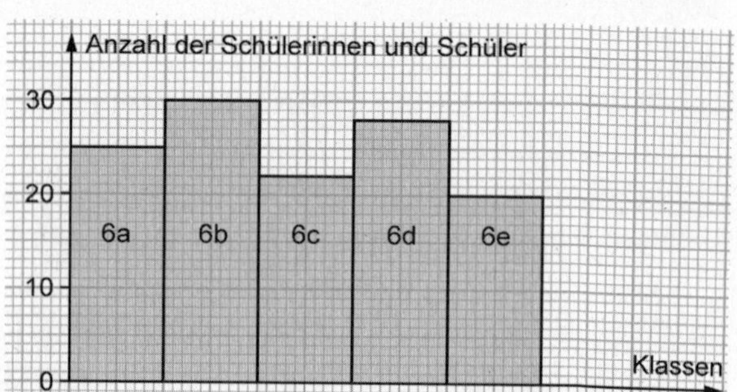

So groß sind die sechsten Klassen der Geschwister-Scholl-Schule. In der siebten Klasse wird es vier Klassen geben. Berechne die neue durchschnittliche Klassengröße.

____

Rad fahren macht Spaß

1 Heide und Robert sind begeisterte Radfahrer und machen regelmäßig am Wochenende Ausflüge. Bei ihrem letzten Tagesausflug legten sie nach 15 km die erste längere Pause ein, die zweite folgte nach weiteren 12 km, die dritte nach 5 km – wegen einer Reifenpanne. Als sie zu Hause ankamen, hatten sie insgesamt 42 km zurückgelegt.

a) Wie lang waren die einzelnen Etappen?

____

____

b) Berechne den Mittelwert der Etappen.

____

2 Robert legt in 20 Minuten durchschnittlich 5 km zurück. Heide fährt in 5 Minuten durchschnittlich 1600 m. Berechne die durchschnittliche Stundengeschwindigkeit: Wie viele km legt jeder der beiden Radfahrer in einer Stunde zurück?

Robert: ______________________________

Heide: ______________________________

3 Auf ihrer Fahrt machen sie auf einer kleinen Wiese Rast. Robert meint, da sei ja sein Zimmer größer. Was meinst du?

____

____

____

____

____

____

____

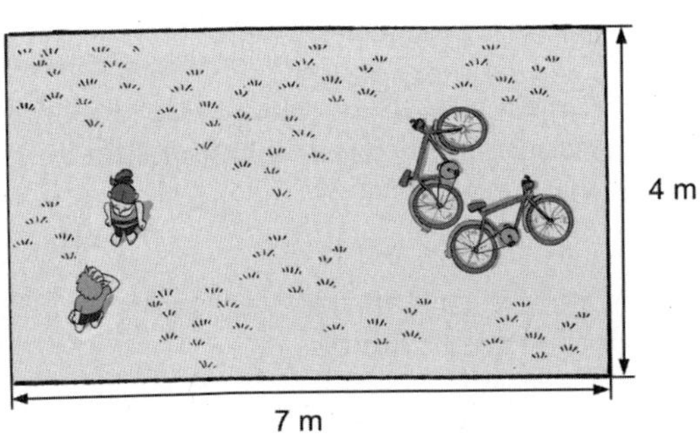

4 Bei einer Verkehrskontrolle wird Heides Fahrrad beanstandet. Beleuchtung und Bremsen sind nicht in Ordnung. Da ihr Rad auch schon sehr rostig ist, beschließt sie mit ihren Eltern ein neues zu kaufen. Es kostet 470 €. Sie hat 325,80 € gespart, 35 € schenkt ihr der Großvater und 50 € verdient sie, indem sie regelmäßig den Hund der Nachbarn ausführt. Wie viel Geld muss sie noch sparen?

____

5 Bei einer Verkehrszählung für Fahrräder werden auch die Räder von Heide und Robert mitgezählt:

Uhrzeit	Fahrräder	Anzahl
7.00 Uhr – 8.00 Uhr	𝍸 𝍸 𝍸 𝍸 III	
8.00 Uhr – 9.00 Uhr	𝍸 III	
9.00 Uhr – 10.00 Uhr	III	
10.00 Uhr – 11.00 Uhr	𝍸 IIII	
11.00 Uhr – 12.00 Uhr	𝍸 II	
12.00 Uhr – 13.00 Uhr	𝍸 III	
13.00 Uhr – 14.00 Uhr	𝍸 𝍸 𝍸 I	
14.00 Uhr – 15.00 Uhr	𝍸 𝍸 III	

Wie viele Fahrräder waren durchschnittlich pro Stunde unterwegs?

____

____

____

Variablen als Platzhalter

1 Kannst du Georgs Geheimschrift entziffern? Unterstreiche die „Platzhalter" (Variablen) und übersetze sie, sodass sich ein sinnvoller Text ergibt.

> Mit guten Vorsätzen betrat ich heute unseren Grickerkoog. Auch unser Heuler kam und beulerte: „Guten Fratzges". Wir beulerten auch: „Guten Fratzges", und setzten uns. Dann stellte uns der Heuler eine Braxkes. Ich hob den Piksus. „Georg", beulerte der Heuler und ich antwortete: „46". „Mirxmurx", schimpfte der Heuler. War ich sauer! Dann hob Sascha den Piksus und beulerte: „47". „Gluckskux", freute sich der Heuler und stellte eine neue Braxkes. Da hoben ganz viele ihre Pikses. „Lena" beulerte der Heuler. Lena antwortete: „26". „Mirxmurx", schimpfte der Heuler. „27", beulerte dann Sascha. „Mirxmurx", schimpfte der Heuler schon wieder. Dann kam ich wieder an die Druga. „19", beulerte ich. „Gluckskux", freute sich der Heuler. Geschafft – war ich froh!

Variable	Übersetzung
Grickerkoog	Klassenzimmer

2 In der Mathematik werden besonders häufig Variablen verwendet. Platzhalter wie □, ○ oder ▲ und Buchstaben z. B. a, b, x, y halten Plätze frei. Trage in die Tabelle ein, wofür die Variablen stehen.

Beispiel: □ ist das Produkt aus 8 und 9.
a) 1 kg hat ○ g.
b) x ist die größte dreistellige Zahl.
c) y ist die kleinste Primzahl.
d) $5 < a < 7$
e) Eine Stunde hat ▲ Minuten.
f) z ist der Vorgänger von 10 000.
g) ½ entspricht p %.
h) Ein rechter Winkel hat □ Grad.

	Variable	Übersetzung
Beispiel	□	8 · 9 = 72; □ = 72
a)		
b)		
c)		
d)		
e)		
f)		
g)		
h)		

3 Suche drei Lösungsmöglichkeiten.

a) ▲ ist eine gerade natürliche Zahl; sie ist kleiner als 20 und größer als 8.

b) □ ist ein über 1500 m hoher Berg in Deutschland.

c) z ist eine Stadt in Deutschland, in der mehr als 500 000 Menschen wohnen und Hauptstadt eines Bundeslandes.

d) α ist ein stumpfer Winkel.

978-3-12-746462-7 Einblicke Mathematik 6, Serviceblätter

Terme aufstellen

1 Ordne folgenden Sätzen die Terme zu. Verbinde jeden Satz mit einem passenden Luftballon.

Beispiel: *Uwe verdient bei seinem Job pro Stunde 2 € mehr als Hans.*

a) Der Hochwasserpegel ist um 2 m gesunken.
b) Beim 400-m-Lauf war Arkan 12 Sekunden langsamer als Timo.
c) Jeanette teilt ihre Geburtstagstorte in 12 gleich große Stücke.
d) Der Reitparcours war dieses Jahr dreimal so lang wie letztes Jahr.
e) Gestern kostete die Kinokarte 3 € weniger als sonst.

2 Wenn du den passenden Term der Aussage zuordnest, ergibt sich ein Lösungswort.

a) Addiere zum Dreifachen einer Zahl 27. (A)
b) Subtrahiere von 27 das Dreifache einer Zahl. (N)
c) Multipliziere eine Zahl mit 27 und addiere 3. (M)
d) Multipliziere eine Zahl mit drei und subtrahiere 27. (G)
e) Dividiere eine Zahl durch 3 und vergrößere dieses Ergebnis dann um 27. (U)
f) Vermindere eine Zahl um 27 und vervielfache die Differenz um 3. (F)

___	___	___	___	___	___
$x : 3 + 27$	$27x + 3$	$(x - 27) \cdot 3$	$3x + 27$	$27 - 3x$	$3x - 27$

3 Bilde Terme.

a) Das Vierfache einer Zahl. ____________

b) Eine Zahl um 12 vermindert. ____________

c) Das Zweifache einer Zahl um 4 vermehrt. ______

d) Die Summe aus dem 8fachen einer Zahl und der Zahl 140. ____________

e) Die Differenz aus 350 und dem Produkt aus 13 und einer Zahl. ____________

4 Die siebten Klassen der Geschwister-Scholl-Schule betreuen auf dem Schulfest gemeinsam acht Stände. Die Schüler bezahlen an den einzelnen Ständen mit Wertmarken.

a) Wie viele Wertmarken (w) benötigt man für die einzelnen Stände?

Kletterwand ___3 w___ T-Shirt bedrucken ________

Geisterbahn fahren ________ dreimal Torwandschießen ________

dreimal Fadenziehen ________ Überraschungstüte ________

Portrait ________ Kim-Spiele ________

b) Jens möchte sechsmal Torwand schießen, einmal die Kletterwand hochklettern und zweimal Fadenziehen. Stelle einen Term für die Anzahl der benötigten Wertmarken auf und gib an, wie viel er bezahlt.

____

c) Svenja kauft ein T-Shirt und zwei Überraschungstüten, lässt ein Portrait von sich anfertigen und fährt dreimal mit der Geisterbahn.

____

d) Mirko hat vierundzwanzig Wertmarken in der Hosentasche. Was kann er damit alles machen?

____

Einfache Gleichungen durch Probieren lösen

1 Überlege, durch welche Zahlen die Variable ersetzt werden kann. Überprüfe mithilfe der Probe. Die Summe der Lösungen beträgt 167.

Aufgabe	gefundene Lösung	Probe
Beispiel: y – 27 = 6	33	33 - 27 = 6
a) x + 13 = 44		
b) 4 · x = 20		
c) x : 15 = 3		
d) 42 : x = 6		
e) 39 – z = 29		
f) 3 · x + 5 = 17		
g) 6y – 3 = 45		
h) 30 + 2a = 130		

2 Zahlenrätsel

Forme den Rätseltext in eine Gleichung um und löse das Rätsel durch Probieren.

a) Addiert man zu einer Zahl 8, so erhält man 15.

Gleichung: ____________

Lösung: ____________

b) Subtrahiert man von einer Zahl 30, so erhält man 12.

Gleichung: ____________

Lösung: ____________

3 Der Umfang von jeder Figur beträgt jeweils 24 cm.
a) Notiere eine Gleichung für die Umfangsberechnung. b) Wie lang ist die Seite x?

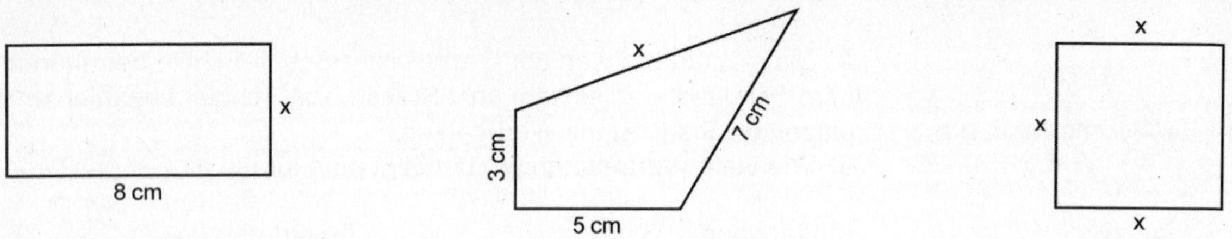

a) Gleichung: ____________ ____________ ____________

b) Lösung: ____________ ____________ ____________

4 a) Die Gesamtlänge aller Kanten des linken Quaders beträgt 70 cm, die des Würfels 48 cm, die des rechten Quaders 48 cm. Notiere je eine Gleichung für die Berechnung der Gesamtlänge der Kanten.
b) Wie lang ist die Kante x?

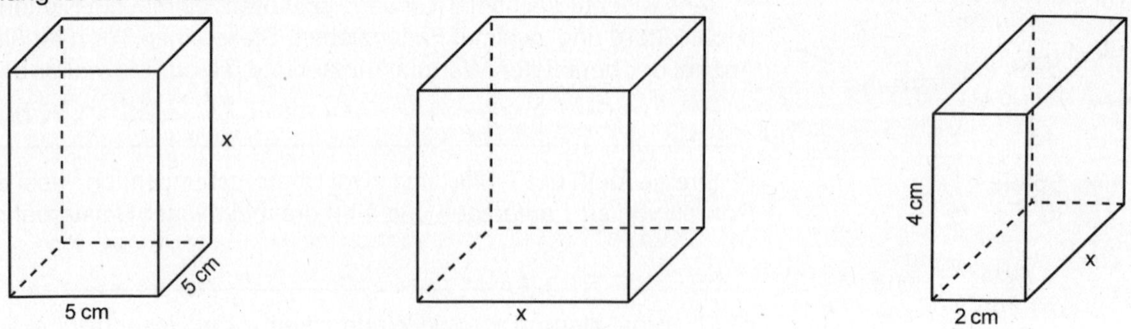

a) Gleichung: ____________ ____________ ____________

b) Lösung: ____________ ____________ ____________

Spiel: T(h)ermalbad

Material: 1 Würfel, 1 Kopiervorlage pro Gruppe

Spielbeschreibung: Suche dir ein bis drei Mitspielerinnen und Mitspieler.
Die Spieler würfeln nacheinander und setzen die erwürfelte Zahl für Variable x auf dem Feld ein, auf dem sie stehen. Das auf ganze Zahlen gerundete Ergebnis gibt die Anzahl der Felder an, die man vorziehen darf (bzw. bei einem negativen Ergebnis zurückziehen muss).
Sieger ist, wer in der vereinbarten Zeit die meisten Runden durchs Thermalbad absolviert hat. Diese können als Strichliste in der Tabelle in der Mitte eingetragen werden.

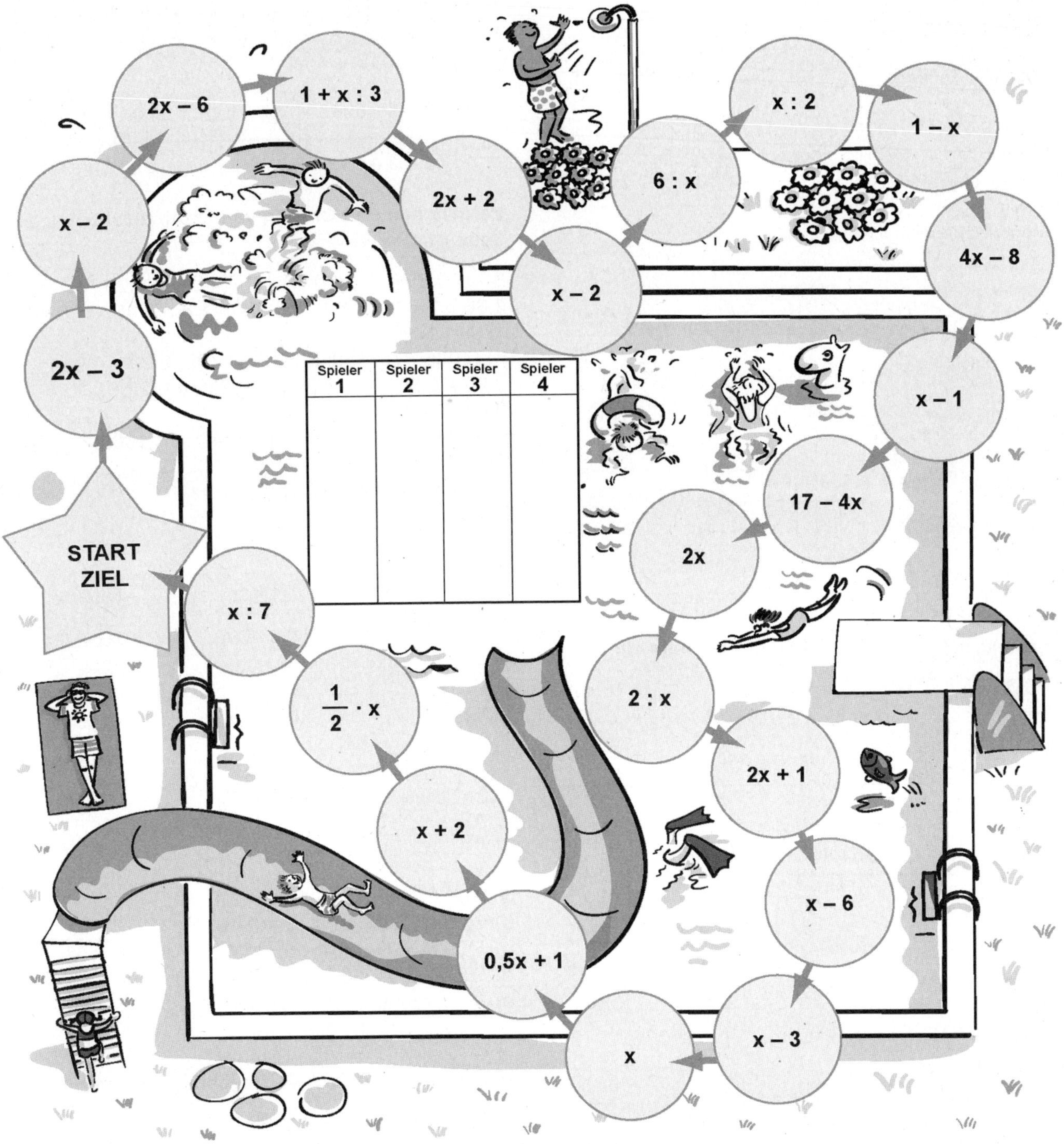

Lösungen zu den Serviceblättern

1 Dezimalzahlen

Stellenwertsystem und Dezimalschreibweise, Seite 9

1

	T	H	Z	E	,	z	h
Mineralwasser				1	,	9	4
Chicken Wings			1	0	,	2	1
Mug Milk Coffee				4	,	2	8
Apple Pie				3	,	8	3
Gesamtsumme (€)			2	0	,	2	6
Mehrwertsteuer				3	,	2	4

	T	H	Z	E	,	z	h
Freitzeitschuhe		1	2	6	,	6	8
Herren T-Shirt			1	5	,	3	2
T-Shirt $\frac{1}{2}$-Arm			1	8	,	8	8
Gesamtsumme (€)		1	6	0	,	8	8

2 BODENSEE

Dezimalzahlen auf dem Zahlenstrahl, Seite 10

1 0,3 l; 0,7 l; 0,45 l

2

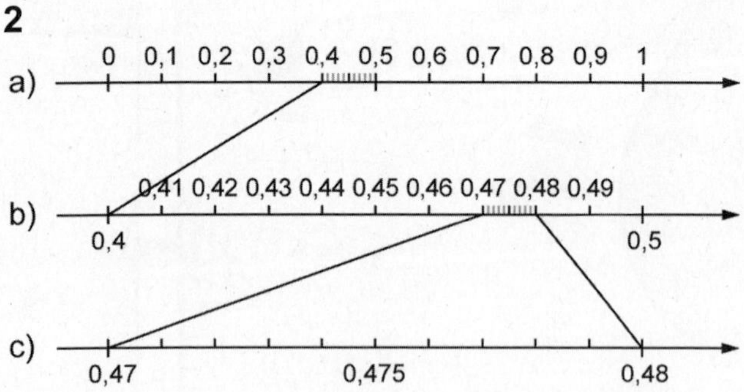

3 a) 36,6 °C b) 37,7 °C c) 38,3 °C
d) 39,6 °C

4 a)

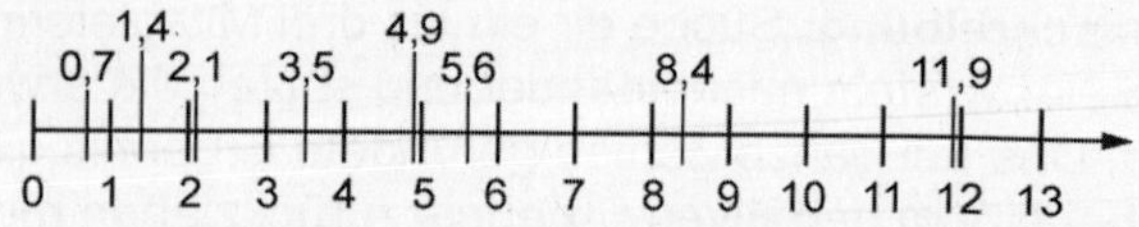

b)

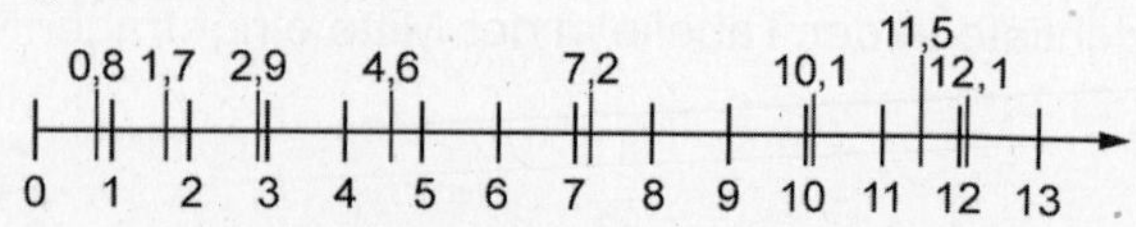

c)

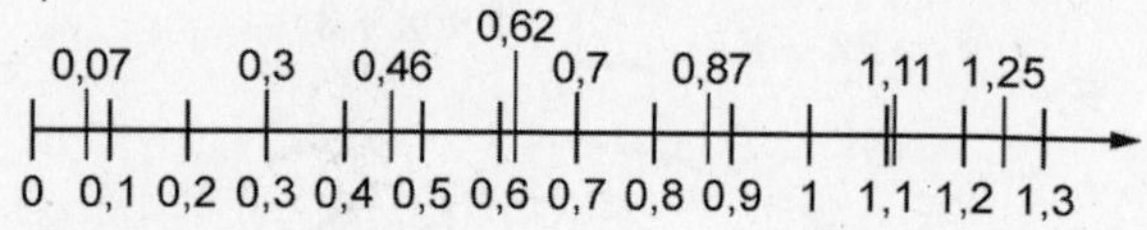

Vergleichen und Ordnen von Dezimalzahlen, Seite 11

1 a) 0,35 < 0,36; 0,02 < 0,20; 0,2 = 0,20; 2,86 > 2,68; 6,77 < 7,66; 8,98 > 8,89; 45,4 > 5,54; 17,4 = 17,4
b) 0,035 = 0,0350; 0,213 > 0,123; 0,99 < 0,999; 0,88 > 0,808; 3,7 > 3,690; 0,202 < 0,22; 0,4 = 0,400; 0,0808 < 0,08088
c) 0,999 > 0,1; 0,065 < 0,07; 4,1 = 4,1000; 13,7 > 13,007; 0,346 > 0,0346; 2,03 < 3,2; 15,15 > 5,151; 0,83 > 0,803

2

Ware	billigste	teuerste
Schokolade	0,56 € (A)	0,65 € (E)
Nougatcreme	2,53 € (B)	2,65 € (D)
Milch	0,51 € (E)	0,82 € (A)
Salami-Pizza	1,89 € (E)	2,30 € (A)
Cornflakes	4,01 € (B)	4,09 € (D)
Katzenfutter	1,47 € (A)	1,55 € (E)

3 a) 1,05 < 1,056 < 1,10 < 2,1
b) 0,004 < 0,04 < 0,446 < 0,46
c) 5,09 < 5,99 < 6,1 < 6,111
d) 2,87 < 3,07 < 3,22 < 3,97
e) 8,98 < 8,99 < 9,88 < 99,8
f) 0,10 < 1,01 < 1,1 < 1,11

Dezimalzahlen in deiner Umgebung, Seite 12

1 a) 50,000 m; 8,01 s; 7,68 s
b) 140 cm; 8,05 m; 16,48 m
c) 0,90 €; 70 ct
d) 2,768 km
e) 0,200 km

2 a) Pizzateig: 0,400 kg; 15,00 g; 0,250 l; 0,2 Esslöffel
Bananenmilch: 0,200 l; 0,5 Päckchen; 2,0 Bananen
Obstsalat: 0,5 kg; 1,0; 1,00; 2,0
b) 0,450 kg; 20 g; 50 g

3 a) Nein, siehe Benzinpreise beim Tanken.
b) Ja.
c) Ja.
d) Ja, außer es sind Nullen.
e) Nein, Gold wird in mg bzw. Unzen angeben.

Dezimalzahlen addieren und subtrahieren, Seite 13

1 a)

9
4,1 | 4,9
2,3 | 1,8 | 3,1
1,5 | 0,8 | 1,0 | 2,1
1,0 | 0,5 | 0,3 | 0,7 | 1,4
0,5 | 0,5 | 0 | 0,3 | 0,4 | 1,0

b)

36,9
15,0 | 21,9
5,7 | 9,3 | 12,6
2,2 | 3,5 | 5,8 | 6,8
1,1 | 1,1 | 2,4 | 3,4 | 3,4
0,9 | 0,2 | 0,9 | 1,5 | 1,9 | 1,5

c)

115,2
57,6 | 57.6
27,9 | 29,7 | 27,9
13,1 | 14,8 | 14,9 | 13,0
6,8 | 6,3 | 8,5 | 6,4 | 6,6
4,4 | 2,4 | 3,9 | 4,6 | 1,8 | 4,8

d)

22,2
10,3 | 11,9
4,7 | 5,6 | 6,3
2,1 | 2,6 | 3,0 | 3,3
0,8 | 1,3 | 1,3 | 1,7 | 1,6
0,1 | 0,7 | 0,6 | 0,7 | 1,0 | 0,6

2 a) 800; 80; 8; 0,8; 0,08
b) 260; 26; 2,6; 0,26; 0,026
c) 910; 91; 9,1; 0,91; 0,091
d) 111; 11,1; 1,11; 0,111; 0,011 1
e) 3 500; 350; 35; 3,5; 0,35

3 a) 10,8; 20; 0,72; 17,9; 125; 3,13
b) 1,6; 9,5; 0,56; 0,98; 8; 1,65

4 a)

	+0,2 →			
−0,6 ↓	3,2	3,4	3,6	3,8
	2,6	2,8	3,0	3,2
	2,0	2,2	2,4	2,6
	1,4	1,6	1,8	2,0

b)

	+1,25 →			
−0,75 ↓	5	6,25	7,50	8,75
	4,25	5,50	6,75	8,0
	3,5	4,75	6,0	7,25
	2,75	4,0	5,25	6,50

c)

	+5,5 →			
−2,5 ↓	10	15,5	21,0	26,5
	7,5	13,0	18,5	24,0
	5,0	10,5	16,0	21,5
	2,5	8,0	13,5	19,0

d) z. B. 3,2; 3,4; 3,6; 3,8; 4,0; 4,2; 4,4; 4,6; 4,8; 5,0.
5; 6,25; 7,50; 8,75; 10,0; 11,25; 12,50; 13,75; 15,0.
10; 15,5; 21,0; 26,5; 32,0; 37,5; 43,0; 48,5; 54,0; 59,5; 65,0; 70,5.

Schriftliche Addition und Subtraktion, Seite 14

1 a) Summe: 14,51 €; Rückgeld: 5,49 €
b) Summe: 3,58 €; Bar: 10,58 €

2

```
a)    7,9 9          b)    5,0 0 4
    + 0,4 7 3            + 2,3 9 8
    + 3,8                + 7,5 8 2
      2 1                      1 1
    1 2,2 6 3            1 4,9 8 4

c)    1,4 3 5        d)    2,0 0 3
    + 7,0 0 0 2          + 0,0 7
    + 7,5 8 2            + 8,9 5
      1 1                    1 1
    1 6,0 1 7 2          1 1,0 2 3

e)    1 8,6          f)    1 3,2 3
    -   5,2              -   2,8 4
                             1 1
      1 3,4                1 0,3 9

g)    2 6,0 7 3 0    h)    2 0,2 0 2
    -   6,0 0 7 3        -   2,0 2 0
              1 1          1   1
      2 0,0 6 5 7          1 8,1 8 2
```

3

a)

	120,40
+	0,50
+	8,02
+	8,00
	1
	136,92

b)

	150,05
−	28,40
−	14,00
−	0,80
	2 2
	106,85

c)

	40,0400
+	0,0404
+	0,0400
+	4,0400
	1
	44,1604

d)

	88,9900
−	28,9000
−	9,0008
−	0,0980
	1 1 1 1 1
	50,9912

Dezimalzahlen multiplizieren, Seite 15

2 a) 1,0; 1,8; 9,6; 3,6
b) 0,1; 0,85; 0,39; 7,14
c) 0,014; 0,044; 0,2; 0,12
d) 0,35; 0,1; 1,0; 0,06

3 a) 411,04; Endergebnis: 2 Stellen
b) 911,25; Endergebnis: 2 Stellen
c) 9,00; Endergebnis: 2 Stellen
d) 150,150; Endergebnis: 3 Stellen

Dezimalzahlen dividieren, Seite 17

1 Es hängt an der Wand, gibt jedem die Hand: das ist das Handtuch.

2 a) 10,8; 1,8; 0,2; 0,04; 0,01; 0,005; 0,001
b) 7,2; 2,4; 1,2; 0,1; 0,02; 0,004; 0,001

3 a) 5,4 b) 12,07 c) 56,2
d) 2,56 e) 6,74

Positive und negative Zahlen – Die Wetterhütte, Seite 18

1 b) Bis auf eine Ausnahme steigt die Temperatur bis 15.00 Uhr an und sinkt dann wieder.
c) Weil sich das Wetter ändert.
d) Die Messungen fanden im Winter statt.

Zunahme und Abnahme – Wer hat sich im Zahlengewirr versteckt?, Seite 19

1 a) und b) Länge: −45 m < −25 m < 0 m < 10 cm < 11 m < 845 m
Geld: −315 € < −27 € < 3 € < 10,85 € < 316 € < 570 €
Temperatur: −20 °C < −14,5 °C < 0 °C < 13 °C < 18 °C < 30 °C
c) Es entsteht ein Kamel.

2 Geometrie: Kreis und Winkel

Kreise, Seite 20

1 b) Alzey, Darmstadt, Worms, Kaiserslautern, Ludwigshafen, Mannheim, Neustadt, Speyer, Heidelberg, Aschaffenburg, Landau, Wörth, Karlsruhe, Pforzheim, Walldorf, Heilbronn, Weinsberg
c) Nein. Mainz ist etwas zu weit weg.
d) Z. B. Kaiserslautern und Aschaffenburg; Landau und Heilbronn. Solche Orte liegen auf einem Kreis.

2 a) Sie ziehen einen Kreis mit dem angegebenen Radius um ihre Fahne.
c) Dort, wo sich die Kreise schneiden, denn da suchen alle.
d) Gruppe 1: (7); Gruppe 2: (7); Gruppe 3: (7)
e) grün (3); rot (3); gelb (3)
f) blau (2)
g) Diese Päckchen liegen außerhalb aller Kreise.

Winkel messen, Seite 22

2

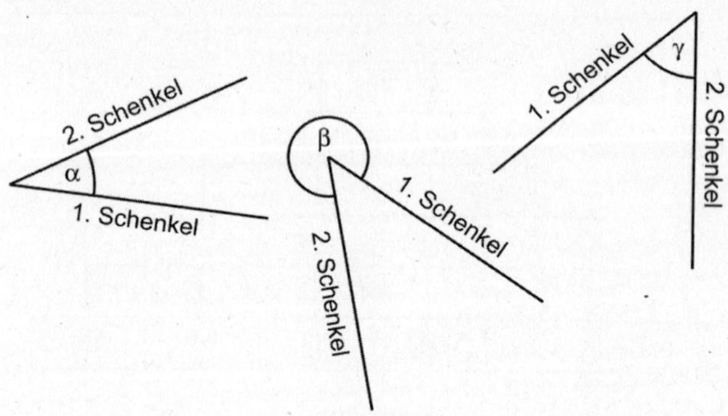

3 Der Winkel in den Zweigen ist kleiner als der Winkel im Schnabel und der Winkel in der Schere.

4 a) $\gamma = 60°$ b) $\beta = 40°$

Lernzirkel A – Station 4: Wo wohnt der Ebi?, Seite 27

Ebi wohnt „im letzten Winkel."

Lernzirkel B – Station 5: Winkel zeichnen, Seite 28

Vergleichen die Schüler ihre Winkel, so stellen sie fest, dass sie beide die gleichen Winkel – jedoch in umgekehrter Reihenfolge – gezeichnet haben.

Lernzirkel B – Station 6: Welcher Anlegeplatz gehört zu welchem Schiff?, Seite 28

A 8; B 7; C 1; D 6; E 2; F 4; G 3; H 5; I 9; J 10

Lernzirkel B – Station 7: Himmelsrichtungen, Seite 29

a) NO: 45°; SO: 135°; S: 180°; SW: 225°; W: 270°; NW: 315°
b) NNO: 22,5°; OSO: 112,5°; WNW: 292,5°; NNW: 337,5°

Lernzirkel B – Station 8: Wo befindet sich die Höhle?, Seite 29

Die Höhle befindet sich am Fuß des Berges, 63 m nach Osten vom Steg aus und 30 m nach Süden.

Achsensymmetrie, Seite 30

1

2

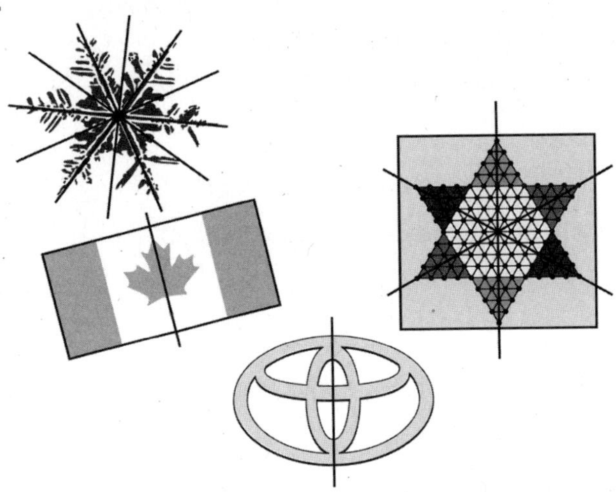

4 a) beide
b) Buschwindröschen 60°; Immergrün 72°

5 a)

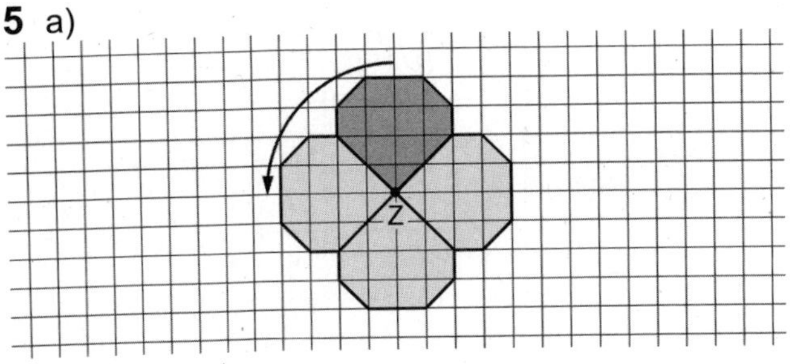

b) Der Drehwinkel beträgt 90°.

3 Brüche

Darstellen von Brüchen, Seite 32

2 $\frac{2}{8}; \frac{4}{12}; \frac{6}{8}; \frac{1}{4}; \frac{2}{5}; \frac{2}{16}$

$\frac{3}{9}; \frac{4}{16}; \frac{1}{14}; \frac{4}{16}; \frac{4}{8}; \frac{1}{9}$

Brüche auf dem Zahlenstrahl, Seite 33

1 a) b)

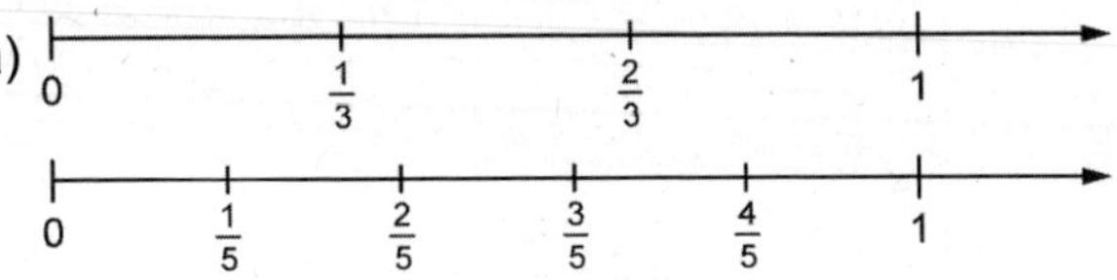

2 a) b)

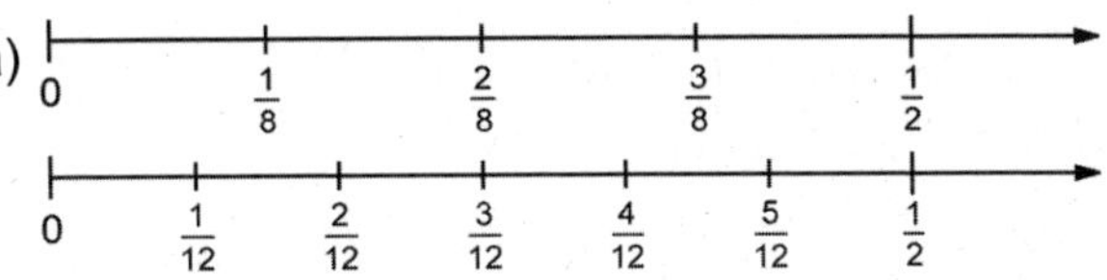

3 a) b) c) d)

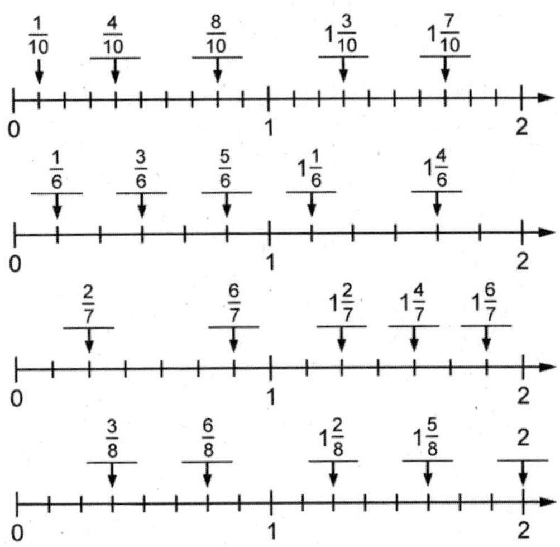

4

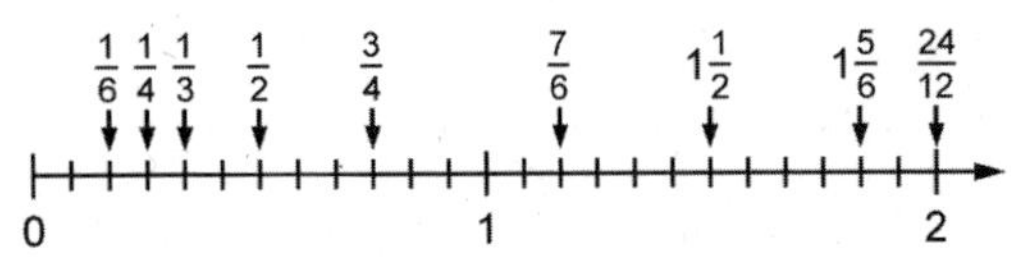

5 a) b)

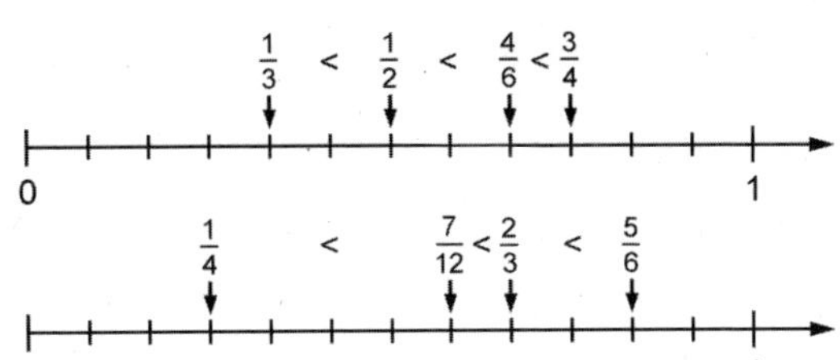

Übungen zur Bruchschreibweise, Seite 35

1 $\frac{7}{15}$

2 $\frac{3}{24}$

3 $\frac{30}{8}$ sind mehr als ein ganzer Kuchen, weil der Zähler größer als der Nenner ist.

4 Er hat mehr Apfelkuchen gegessen, weil dessen Stücke größer sind. Kathy isst drei Stücke Apfelkuchen. Erika isst fünf Stücke Apfelkuchen. Sie hat mehr Kuchen gegessen, weil sie mehr Stücke gegessen hat. Wenn du die Bruchteile der verspeisten Kuchenmenge von Erika angeben willst, musst du die Zahl 5 in den Zähler schreiben.

5 $\frac{17}{5}$; weil der Zähler größer als der Nenner ist.

6 a) z. B. $\frac{1}{5}$; $\frac{5}{5}$; $\frac{6}{5}$; $\frac{11}{5}$; $2\frac{1}{5}$

b) z. B. $\frac{2}{6}$; $\frac{6}{6}$; $\frac{8}{6}$; $\frac{15}{6}$; $2\frac{3}{6}$

7 a) ein halber Kuchen
b) drei Viertel der Tafel Schokolade
c) acht (sechzehn)

Gemischte Zahlen, Seite 36

4 a) $\frac{11}{4}$ b) $\frac{40}{8} + \frac{5}{8} = \frac{45}{8}$ c) $\frac{38}{11}$
d) $\frac{77}{11} + \frac{8}{11} = \frac{85}{11}$ e) $\frac{135}{15} + \frac{5}{15} = \frac{140}{15}$ f) $\frac{122}{7}$
g) $\frac{33}{3} + \frac{2}{3} = \frac{35}{3}$ h) $\frac{135}{9} + \frac{5}{9} = \frac{140}{9}$ i) $\frac{94}{11}$

5 a) 80 min b) 135 min c) 75 min

Übungen zum Erweitern, Seite 40

1 a) $\frac{1}{2} = \frac{2}{4} = \frac{4}{8}$ b) $\frac{2}{5} = \frac{4}{10} = \frac{8}{20}$
c) z. B. $\frac{1}{3} = \frac{2}{6} = \frac{4}{12}$

2 doppelt, halb, das Gleiche

3 a) $\frac{6}{12}$ ergibt gekürzt $\frac{1}{2}$; alle anderen ergeben $\frac{3}{4}$.
b) $\frac{5}{20}$ ergibt gekürzt $\frac{1}{4}$; alle anderen ergeben $\frac{1}{5}$.

4 Vertrauen ist gut, Kontrolle ist besser.

Top Ten – Erweitern und Kürzen, Seite 41

1. $\frac{1}{2}$ 2. $\frac{2}{4}$ 3. $\frac{4}{8}$ 4. $\frac{6}{10}$ 5. $\frac{3}{5}$
6. $\frac{9}{15}$ 7. $\frac{42}{18}$ 8. $\frac{28}{12}$ 9. $\frac{77}{33}$ 10. $\frac{18}{24}$
11. $\frac{3}{4}$ 12. $\frac{3}{4}$ 13. $\frac{1}{2}$ 14. $\frac{21}{42}$ 15. $\frac{6}{12}$
16. $\frac{6}{8}$ 17. $\frac{3}{4}$ 18. $\frac{9}{12}$ 19. $\frac{10}{16}$ 20. $\frac{20}{32}$
21. $\frac{15}{24}$ 22. $\frac{7}{14}$ 23. $\frac{3}{6}$ 24. $\frac{2}{4}$ 25. $\frac{6}{9}$
26. $\frac{4}{6}$ 27. $\frac{12}{18}$ 28. $\frac{2}{20}$ 29. $\frac{3}{30}$ 30. $\frac{4}{40}$
31. $\frac{4}{20}$ 32. $\frac{1}{5}$ 33. $\frac{2}{10}$ 34. $\frac{5}{6}$ 35. $\frac{40}{48}$
36. $\frac{10}{12}$ 37. $\frac{9}{6}$ 38. $\frac{6}{4}$ 39. $\frac{12}{8}$ 40. $\frac{4}{22}$
41. $\frac{6}{33}$ 42. $\frac{8}{44}$ 43. $\frac{2}{3}$ 44. $\frac{12}{18}$ 45. $\frac{8}{12}$
46. $\frac{1}{3}$ 47. $\frac{4}{12}$ 48. $\frac{6}{18}$ 49. $\frac{8}{6}$ 50. $\frac{12}{9}$
51. $\frac{16}{12}$ 52. $\frac{10}{8}$ 53. $\frac{20}{16}$ 54. $\frac{25}{20}$ 55. $\frac{250}{200}$

Brüche vergleichen, Seite 43

1 a) Kirschkuchen
b) Schokocremetorte
c) Beide Brüche haben den gleichen Nenner.
d) $\frac{3}{4}$ nimmt mehr Fläche ein.

$\frac{3}{4}$ 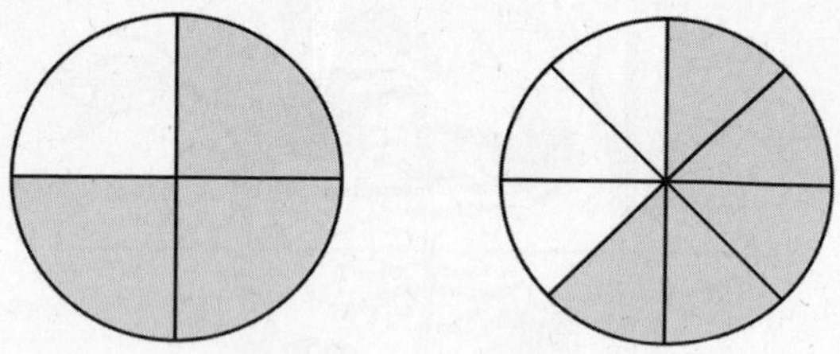 $\frac{5}{8}$

2 a) am meisten: Pfirsichtorte;
am wenigsten: Käsesahnetorte
b) $\frac{1}{2}$ und $\frac{3}{4}$ c) $\frac{3}{4} = \frac{9}{12} > \frac{8}{12} = \frac{2}{3}$

Brüche ordnen – Verschlüsselte Botschaft, Seite 44

1 a) Top Secret
b) Geheime Mission

4 Flächen- und Rauminhalt

Flächeninhalt des Rechtecks, Seite 47

1 $A = 20\,cm^2$

2 a) $A = 12\,cm^2$ b) $A = 10\,cm^2$
c) $A = 4{,}5\,cm^2$ d) $A = 6\,cm^2$

3 a) $A = 42\,cm^2$ b) $A = 14\,m^2$
c) $A = 24\,dm^2$ d) $a = 0{,}7\,cm$
e) $b = 3\,dm$

4

[1] 1	5	[8] 4		[2] 6	3
1		[3] 8	0	0	
	[9] 2				[10] 1
[4] 1	8	0		[5] 1	7
[6] 9	0			[7] 5	5

5 Eine Schülerlösung könnte lauten: Man misst beide Seiten der Fläche, bringt sie auf die gleiche Längeneinheit, multipliziert die Zahlen und schreibt die Einheit zum Quadrat.

Flächeninhalt und Umfang des Rechtecks, Seite 48

1 a) Wie lang ist der Gartenzaun?
15 m + 35 m + 15 m + 35 m = 100 m
Der Zaun ist 100 m lang.
b) 100 · 1,50 € = 150 €
Sergej und Lisa bekommen je 75 €.

2 a) A = 15 m^2
b) a = 6 cm
c) a = 5 m
d) u = 63 cm; A = 45 cm^2
e) u = 54 dm; A = 162 dm^2
f) a = 5 dm; u = 15 dm
g) b = 7 m; u = 17,6 m
h) b = 0,6 km; A = 0,36 km^2
i) b = $\frac{1}{2}$ cm; A = $\frac{1}{4}$ cm^2
j) u = 2 cm; A = $\frac{3}{16}$ cm^2

3 1 cm x 11 cm, 2 cm x 10 cm
3 cm x 9 cm, 4 cm x 8 cm
5 cm x 7 cm, 6 cm x 6 cm

4 a) 1 dm x 40 dm; 2 dm x 20 dm; 4 dm x 10 dm; 5 dm x 8 dm
b) Bei 5 dm Länge und 8 dm Breite. Der Umfang beträgt 26 dm.

Wohnen in Zelt und Haus – Flächeninhalt, Seite 49

1 Die Gesamtfläche beträgt 24,08 m^2.

2 ① 4 m x 3 m = 12 m^2; ② 4 m x 2 m = 8 m^2;
③ 4 m x 7 m = 28 m^2; ④ 2 m x 1 m = 2 m^2;
⑤ 2 m x 7 m = 14 m^2; ⑥ 2 m x 4 m = 8 m^2;
Gesamtwohnfläche: 72 m^2

3 a) 528 m b) 132

4 Aus 22 Absperrgittern kann man Rechtecke von 1 mal 10 oder 2 mal 9 Gittern stellen. Aus 24 Gittern kann man 2 mal 10 oder 6 mal 6 Absperrgitter stellen.

Rauminhalt des Quaders, Seite 51

1 Rauminhalt einer Schicht: 20 cm^3
Anzahl der Schichten: drei
Rauminhalt des Quaders: 3 · 20 cm^3 = 60 cm^3

2 4 cm^3; 12 cm^3; 54 cm^3

3 a) 36 b) 432 Flaschen

4 a) 24 cm^3; 8 dm^3 b) 2; 3 c) 48 cm^3; 24 dm^3

5 a) 108 dm^3 b) 120 cm^3 c) 210 cm^3

6 a) 40 m^3 b) 28 000 cm^3

Quadernetze und Oberflächeninhalt des Quaders, Seite 52

2 a), b) und c)

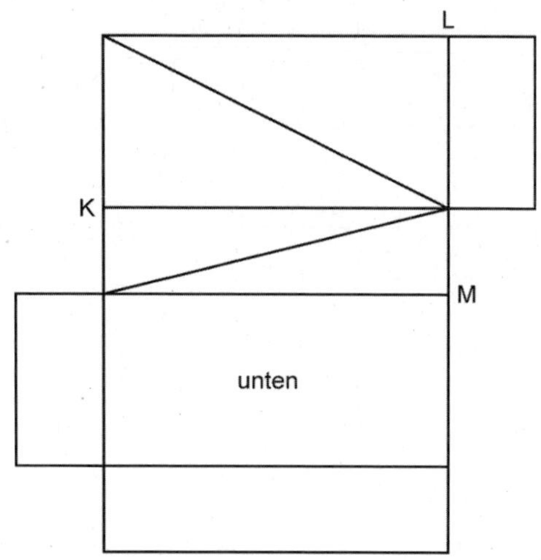

4 Quader 1: 38 cm^2; Quader 2: 28 cm^2; Quader 3: 14 cm^2

5 Bruchrechnen

Brüche addieren und subtrahieren, Seite 53

1 a) $\frac{2}{3}$ b) $\frac{1}{2}$ c) $\frac{10}{17}$
d) $\frac{2}{3}$ e) $1\frac{3}{8}$ f) $1\frac{1}{12}$

2 a) $2\frac{2}{5}$ b) $1\frac{7}{10}$
c) $2\frac{3}{8}$ d) $1\frac{3}{4}$

3 a) $\frac{11}{15}$; $\frac{25}{12}$; $\frac{13}{8}$; $\frac{23}{21}$; $\frac{29}{15}$; $\frac{19}{12}$
b) $\frac{7}{15}$; $\frac{17}{12}$; $\frac{17}{8}$; $\frac{16}{21}$; $\frac{1}{5}$; $\frac{11}{6}$

4

a)

$10\frac{1}{4}$

$\frac{74}{12}$ | $\frac{49}{12}$

$\frac{15}{4}$ | $\frac{29}{12}$ | $\frac{5}{3}$

$\frac{7}{3}$ | $\frac{17}{12}$ | $\frac{1}{1}$ | $\frac{2}{3}$

$\frac{3}{2}$ | $\frac{5}{6}$ | $\frac{7}{12}$ | $\frac{5}{12}$ | $\frac{1}{4}$

$\frac{1}{1}$ | $\frac{1}{2}$ | $\frac{1}{3}$ | $\frac{1}{4}$ | $\frac{1}{6}$ | $\frac{1}{12}$

b)

3

$\frac{3}{2}$ | $\frac{3}{2}$

$\frac{3}{4}$ | $\frac{3}{4}$ | $\frac{3}{4}$

$\frac{3}{8}$ | $\frac{3}{8}$ | $\frac{3}{8}$ | $\frac{3}{8}$

$\frac{3}{16}$ | $\frac{3}{16}$ | $\frac{3}{16}$ | $\frac{3}{16}$ | $\frac{3}{16}$

$\frac{1}{8}$ | $\frac{1}{16}$ | $\frac{1}{8}$ | $\frac{1}{16}$ | $\frac{1}{8}$ | $\frac{1}{16}$

Magische Quadrate, Seite 54

$\frac{2}{13}$	$\frac{7}{13}$	$\frac{6}{13}$
$\frac{9}{13}$	$\frac{5}{13}$	$\frac{1}{13}$
$\frac{4}{13}$	$\frac{3}{13}$	$\frac{8}{13}$

Die magische Zahl ist $\frac{15}{13}$.

$\frac{17}{25}$	$\frac{24}{25}$	$\frac{1}{25}$	$\frac{8}{25}$	$\frac{15}{25}$
$\frac{6}{25}$	$\frac{13}{25}$	$\frac{20}{25}$	$\frac{22}{25}$	$\frac{4}{25}$
$\frac{25}{25}$	$\frac{2}{25}$	$\frac{9}{25}$	$\frac{11}{25}$	$\frac{18}{25}$
$\frac{14}{25}$	$\frac{16}{25}$	$\frac{23}{25}$	$\frac{5}{25}$	$\frac{7}{25}$
$\frac{3}{25}$	$\frac{10}{25}$	$\frac{12}{25}$	$\frac{19}{25}$	$\frac{21}{25}$

Die magische Zahl ist $\frac{65}{25}$.

Brüche vervielfachen, Seite 57

1 a) $2 \cdot \frac{1}{3} = \frac{2}{3}$ b) $3 \cdot \frac{2}{9} = \frac{6}{9}$

2 $\frac{4}{5}$

3 a)

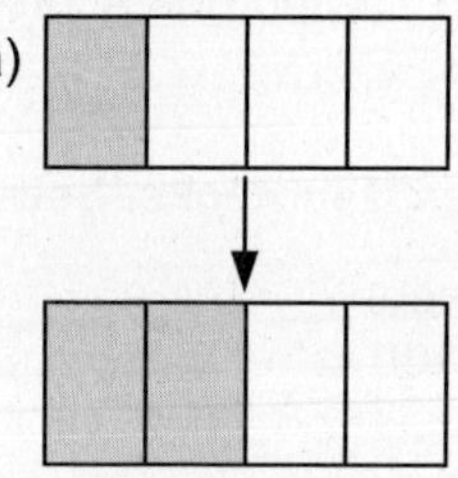

b)

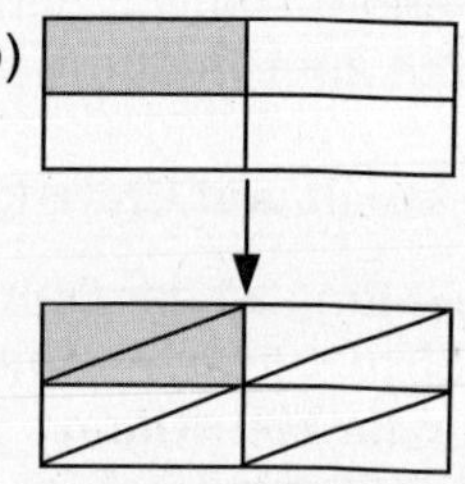

4 Weil das zu $\frac{1}{8}$ führt, was die Hälfte von $\frac{1}{4}$ ist und nicht das Doppelte.

5 a) $3 \cdot \frac{3}{5} = \frac{9}{5}$ b) $6 \cdot \frac{1}{6} = \frac{6}{6} = 1$

Multiplikationsreihen, Seite 59

1 a) und b) Das Ergebnis ist jeweils $\frac{1}{4}$ vom Ergebnis der vorangegangenen Aufgabe.
c) Das Ergebnis wird jeweils halbiert.
d) individuelle Lösung

2 a) Das Ergebnis ist immer ein Vierfaches der vorausgegangenen Aufgabe.
b) Das Ergebnis ist immer ein Viertel der vorangegangenen Aufgabe
c) Alle Ergebnisse sind $\frac{3}{14}$.
d) individuelle Lösung

3 $\frac{5}{8} \cdot \frac{12}{18}$; $\frac{5}{8} \cdot \frac{24}{18}$; $\frac{5}{8} \cdot \frac{6}{18}$; $\frac{20}{8} \cdot \frac{12}{18}$
$\frac{3}{4} \cdot \frac{1}{10}$; $\frac{6}{4} \cdot \frac{1}{10}$; $\frac{3}{8} \cdot \frac{1}{10}$; $\frac{12}{4} \cdot \frac{1}{10}$

Nein, Erweitern ändert das Ergebnis nicht.

6 Daten lesen

Schaubilder lesen – Tiere und ihre Besonderheiten, Seite 60

1 Blauer Papageifisch: 30 cm;
Putzerfisch: 10 cm; Rochen: 50 cm;
Meerneunauge: 90 cm

2 Brillenschlange: 20 Eier; Komodowaran 25 Eier;
Flugdrache: 5 Eier; Grüner Leguan: 42 Eier

3

Wander-albatros	Kaiser-pinguin	Nandu	Kormo-ran	Anden-kondor
8 kg	30 kg	25 kg	3,5 kg	12 kg

4

Blaumeise	Buntspecht	Mauersegler	Eichelhäher
20 cm	48 cm	35 cm	55 cm

Temperaturen ermitteln, Seite 61

1 a) 0 °C b) Do: –4 °C c) Mo: +4 °C
d) von Mittwoch auf Donnerstag: –4 °C
e) im Dezember, Januar, Februar oder März

2 b) am 20.7. abends: 40,5 °C
c) am 20.7. von morgens bis abends um 1,5 °C
d) ab 23.7. abends

3 a) Das obere Diagramm gehört zu Stuttgart, das untere zu Sydney, dort ist es im Juli kälter als im Dezember.
b) In Stuttgart ist es im Juli am heißesten, in Sydney im Januar.
c) In Stuttgart ändern sich die Temperaturen stärker.
d) Die Jahreszeiten sind in Syndey um ein halbes Jahr verschoben.

Daten erheben und darstellen, Seite 63

2 a)

Tanzen	Turnen	Fußball	Tennis	Hockey
18	6	21	8	15

3 a) 6 a: 26; 6 b: 29; insgesamt: 55

Bauwerke der Welt – Viele, viele Fragen, Seite 65

1 660 000 kg

2 vier Stockwerke

3 6,15 m^2

4 420 m

5 120 m

6 88,6 min = 1h 28,6 min

7 a) 16 500 Fenster
b) Wenn er 8 Stunden am Tag arbeitet, benötigt er ca. 34 Tage und 3 Stunden.

8 a) etwa 8,2-mal länger
b) 128 h = 5 Tage 8 h

Mittelwert, Seite 66

1 2 + 3 + 2 + 4 + 2 + 1 + 1 + 3 + 2 + 2 = 22
22 : 10 = 2,2

2 a) 55 b) 55 : 5 = 11

3 6,4 °C durchschnittliche Höchsttemperatur
3,6 °C durchschnittliche Tiefsttemperatur

4 ca. 1,43 m

5 3,7 cm

6 25 Schülerinnen und Schüler pro Klasse 6 und ca. 31 pro Klasse 7.

Rad fahren macht Spaß, Seite 67

1 a) 1. Etappe: 15 km; 2. Etappe: 12 km;
3. Etappe: 5 km; 4. Etappe: 10 km
b) 42 km : 4 = 10,5 km

2 Robert: 15 km/h
Heide: 19,2 km/h

3 Die Wiese ist 28 m^2 groß und somit größer als die meisten Kinderzimmer.

4 Heide fehlen noch 59,20 €.

5 Im Durchschnitt sind es etwa 11 Räder pro Stunde.

7 Variablen, Terme, Gleichungen

Variablen als Platzhalter, Seite 68

1 Grickerkoog = Klassenzimmer; Heuler = Lehrer;
Fratzges = Morgen; Braxkes = Aufgabe;
Piskus = Finger; beulerte = sagte;
Mirxmurz = Quatsch; Gluckskux = Richtig;
Piskes = Finger; Druga = Reihe.

2 a) O = 1000 b) x = 999 c) y = 2
d) a = 6 e) ▲ = 60 f) z = 9999
g) p = 50 h) □ = 90

3 a) ▲ kann 10, 12, 14, 16 oder 18 sein.
b) □ kann für die Zugspitze stehen.
c) z kann Stuttgart, Hamburg oder Berlin sein.
d) $0° < \alpha < 90°$

Terme aufstellen, Seite 69

1 a) y – 2 b) a – 12 c) x : 12
d) 3 · b e) t – 3

2 Das Lösungswort lautet UMFANG.

3 a) $4 \cdot x$ b) $b - 12$ c) $2 \cdot y + 4$
d) $8 \cdot a + 140$ e) $350 - 13 \cdot z$

4 a) Kletterwand 3w
T-Shirt bedrucken 25w
Geisterbahn fahren 2w
dreimal Torwandschießen 1w
dreimal Fadenziehen 2w
Überraschungstüte 5w
Portrait 30w
Kim-Spiele 4w
b) 2w + 3w + 2w = 7w
c) 25w + 100w + 30w + 6w = 71w

Einfache Gleichungen durch Probieren lösen, Seite 70

1 a) 31 b) 5 c) 45 d) 7
e) 10 f) 4 g) 8 h) 50

2 a) $x + 8 = 15$; $x = 7$
b) $x - 30 = 12$; $x = 42$

3 a) linker Quader $8 \cdot 5\,cm + 4 \cdot x = 70\,cm$;
Würfel $6 \cdot x = 48\,cm$;
rechter Quader $4 \cdot 4\,cm + 4 \cdot 2\,cm + 4 \cdot x = 48\,cm$
b) linker Quader $x = 7{,}5\,cm$; Würfel $x = 8\,cm$; rechter Quader $x = 6\,cm$